Bible to go

Kleine Portionen für den Alltag

ausgewählt von
David Winter

BRUNNEN

VERLAG GIESSEN · BASEL

Titel der englischen Originalausgabe:
The Espresso Bible
Text copyright © 2007 David Winter
Originalausgabe unter dem Titel: The Espresso Bible
bei Lion Hudson plc, Oxford, England
Copyright © 2007 LionHudson plc.
Alle Rechte vorbehalten.

Übersetzung aus dem Englischen:
Agnes Pfaffenrot
Lektorat: Renate Hübsch

Bibelzitate erfolgen nach der Bibelübersetzung
Hoffnung für alle®.
© 1983, 1996, 2002 by International Bible Society®,
Übersetzung: Brunnen Verlag Basel und Gießen.
Verwendung mit freundlicher Genehmigung des Rechte-
inhabers. Alle Rechte vorbehalten weltweit.

Deutsche Ausgabe:
© 2009 Brunnen Verlag Gießen
Umschlagmotive: Shutterstock, Jupiterimages
Umschlaggestaltung: Sabine Schweda
Satz: DTP Brunnen
Herstellung: CPI – Ebner & Spiegel, Ulm
ISBN 978-3-7655-4050-9

Inhalt

Einleitung

Die Bibel ist ein bedeutendes Buch. Das wird kaum jemand ernsthaft bezweifeln. Sie hat die Kultur der westlichen Welt geprägt, deren Literatur entscheidend beeinflusst und war die Inspirationsquelle für viele große Männer und Frauen. Sie verkauft sich bis heute in einer breiten Palette von Ausgaben und Übersetzungen in über 4000 Sprachen. Und dennoch – für viele Menschen in den hoch entwickelten Ländern ist sie heute so etwas wie »unbekanntes Territorium« geworden. Denn sie scheint – auf den ersten Blick zumindest – »alte Geschichten« zu erzählen, die der Welt, in der wir heute leben, nicht viel zu sagen haben.

Trotzdem: Viele Menschen würden gerne wissen, was zwischen den beiden Buchdeckeln zu finden ist. Was ist das für ein Buch, das unsere Kultur so nachhaltig geprägt hat? Was ist sein »Geheimnis«? Ist die Bibel wirklich Gottes Wort? Hat sie dem modernen Menschen im Zeitalter der Supertechnologie noch ebenso viel zu sagen wie unseren Vorfahren in ihren Nomadenzelten?

Bible to go bietet Ihnen einen raschen Zugang zu diesem herausfordernden Buch, der Bibel. Es bringt ihre Botschaft kurz und knapp auf den Punkt – in kleinen, überschaubaren Portionen. Die Auswahl von biblischen Kerntexten bietet Ihnen das Minimum, das man kennen muss, um die Bibel und ihre inspirierende Botschaft zu verstehen. Denn die zahlreichen verschie-

9

denen Schriften, aus denen die Bibel besteht, haben eine Gesamtbotschaft, eine durchgehende Handlung, und alle Texte in dieser Auswahl tragen zum Gesamtverständnis dieser Geschichte bei.

Es beginnt schicksalhaft – der Mensch (verkörpert von einem Mann und einer Frau) entscheidet sich dafür, es besser zu wissen als sein Schöpfer – mit tragischen Konsequenzen. Dann wird von dem langen Weg erzählt, auf dem diese fatale Entscheidung und ihre Konsequenzen aus der Welt geschafft werden: Gott ruft ein Volk (die Nachkommen Abrahams) heraus und macht sie zum Segen für die ganze Welt; er gibt ihnen ein Gesetz, das die Prinzipien für ein gutes Leben enthält; er redet durch die Worte der Propheten, die einen von Gott gesandten großen Erlöser und Retter verheißen. Vom Erscheinen dieses Erlösers, Jesus, wird berichtet, und die Geschichte seines Lebens, Sterbens und seiner Auferstehung wird erzählt. Der letzte Teil der Bibel berichtet von Menschen, die Jesus und seiner Botschaft folgen und sich auf einen neuen Weg machen – mit einer Hoffnung, die weit über diese Welt hinausreicht.

Was ist das Ziel dieser *Bible to go?* Idealerweise dies: Dass Sie nach den Probierschlucken auf den Geschmack gekommen sind und sich »the real thing« gönnen möchten – die ganze Bibel. Wenn Sie das Original lesen, werden Sie entdecken, dass die Menschen, von denen die Bibel erzählt, und das, was sie sagten und taten, durchaus nicht so weit weg von dem sind, was wir heute sagen und tun und wie wir unser Leben gestalten – auch wenn uns Jahrhunderte, Jahrtausende sogar, von ihnen trennen.

Zumindest hoffe ich, dass diese kurze Darstellung deutlich macht: Die Bibel ist zwar »alt« – aber sie ist nicht kraftlos und schwach. Sie enthält noch immer einige umwerfende Überraschungen.

Gute Reise also mit Ihrer *Bible to go!*

David Winter

Das Alte Testament

Genesis (Das 1. Buch Mose)

Wir beginnen natürlich mit dem ersten Buch der Bibel: Genesis – der »Anfang«. Das Buch Genesis beginnt mit dem Anfang von allem, mit der biblischen Darstellung der Schöpfung. In der Antike existierten viele Schöpfungsgeschichten, aber wer die biblische Version der Schöpfung mit den anderen Schöpfungserzählungen verglich, hätte wohl zugestehen müssen, dass die biblische Geschichte, eine Art episches Gedicht, sich in vieler Hinsicht beeindruckend von diesen abhebt. Sie hat ein unverkennbares Motiv – alles, was existiert, verdankt sein Dasein dem Willen und der Absicht Gottes. Der Ablauf folgt einer erkennbaren Ordnung; von der Entstehung des Universums über die Erschaffung der Erde mit Licht, Wasser und Land, der Erschaffung von Vegetation, Fischen, Vögeln, Tieren – und zuletzt als Krönung des Gesamtwerks der Mensch – geschaffen »im Ebenbild Gottes«.

Die Schöpfungsgeschichte wird zweimal erzählt: einmal aus der kosmischen und einmal aus der irdischen Perspektive, wo wir von dem paradiesischen »Garten Eden« lesen. Hier lesen wir von der Erschaffung von Adam und Eva, in einem Bericht, der zeigt, wie Mann und Frau aufeinander bezogen sind und sich gegenseitig ergänzen. Dann folgt die tragische Geschichte ihrer Entscheidung, es besser zu wissen als Gott – mit ihren universalen Konsequenzen: Sie müssen den Garten verlassen.

Das ist die biblische Erklärung dafür, dass es in einer guten Schöpfung, die das Werk eines guten Gottes ist, das Böse gibt. Wir erhalten sie in Form einer Geschichte, die eine tiefe Wahrheit erzählt: Der Mensch kann kein gutes Leben führen, wenn er die Weisungen seines Schöpfers in den Wind schlägt.

Die Schöpfungsgeschichte
Genesis (1. Mose) 1,1 – 2,3

Am Anfang schuf Gott Himmel und Erde. Noch war die Erde leer und ohne Leben, von Wassermassen bedeckt. Finsternis herrschte, aber über dem Wasser schwebte der Geist Gottes.

Da sprach Gott: »Licht soll entstehen!«, und es wurde hell. Gott sah, dass es gut war. Er trennte das Licht von der Dunkelheit und nannte das Licht »Tag« und die Dunkelheit »Nacht«. Es wurde Abend und wieder Morgen: Der erste Tag war vergangen.

Und Gott befahl: »Im Wasser soll sich ein Gewölbe bilden, das die Wassermassen voneinander trennt!« So geschah es: Er machte ein Gewölbe und trennte damit das Wasser darüber von dem Wasser, das die Erde bedeckte. Das Gewölbe nannte er »Himmel«. Es wurde Abend und wieder Morgen: Der zweite Tag war vergangen.

Dann sprach Gott: »Die Wassermassen auf der Erde sollen zusammenfließen, damit das Land zum Vorschein kommt!« So geschah es. Gott nannte das trockene Land »Erde« und das Wasser »Meer«. Was er sah, gefiel ihm, denn es war gut. Und Gott sprach: »Auf der Erde soll es grünen und blühen: Alle Arten von Pflanzen und Bäumen sollen wachsen und Samen und Früchte tragen!« So geschah es. Die Erde brachte Pflanzen und Bäume in ihrer ganzen Vielfalt hervor. Gott sah es und freute sich, denn es war gut. Es wurde Abend und Morgen: Der dritte Tag war vergangen.

Da befahl Gott: »Am Himmel sollen Lichter entstehen, die den Tag und die Nacht voneinander trennen und nach denen man die Jahreszeiten und auch die Tage und Jahre bestimmen kann! Sie sollen die Erde erhellen.« Und so geschah es. Gott schuf zwei große Lichter, die Sonne für den Tag und den Mond für die Nacht, dazu alle Sterne. Er setzte sie an den Himmel, um die Erde zu erhellen, Tag und Nacht zu bestimmen und Licht und Finsternis zu unterscheiden. Gott sah es und freute sich, denn es war gut. Wieder wurde es Abend und Morgen: Der vierte Tag war vergangen.

Dann sprach Gott: »Im Wasser soll es von Leben wimmeln, und Vögel sollen am Himmel fliegen!« Er schuf die großen Seetiere und alle anderen Lebewesen im Wasser, dazu die Vögel. Gott sah, dass es gut war. Er segnete sie und sagte: »Vermehrt euch, und füllt die Meere, und auch ihr Vögel, vermehrt euch!« Es wurde Abend und wieder Morgen: Der fünfte Tag war vergangen.

Darauf befahl er: »Die Erde soll Leben hervorbringen: Vieh, wilde Tiere und Kriechtiere!« So geschah es. Gott schuf alle Arten von Vieh, wilden Tieren und Kriechtieren. Auch daran freute er sich, denn es war gut. Dann sagte Gott: »Jetzt wollen wir den Menschen machen, unser Ebenbild, das uns ähnlich ist. Er soll über die ganze Erde verfügen: über die Tiere im Meer, am Himmel und auf der Erde.« So schuf Gott den Menschen als sein Ebenbild, als Mann und Frau schuf er sie. Er segnete sie und sprach: »Vermehrt euch, bevölkert die Erde, und nehmt sie in Besitz. Ihr sollt Macht haben über alle Tiere: über die Fische, die Vögel und alle anderen Tiere auf der Erde. Ihr dürft die Früchte aller Pflanzen und Bäume essen; den Vögeln und Landtieren gebe ich Gras und Blätter zur Nahrung.« Dann betrachtete Gott alles, was er geschaffen hatte, und es war sehr gut! Es wurde Abend und wieder Morgen: Der sechste Tag war vergangen.

So waren nun Himmel und Erde erschaffen, und nichts fehlte mehr. Am siebten Tag hatte Gott sein Werk vollendet und ruhte von seiner Arbeit aus. Darum segnete er den siebten Tag und sagte: »Dies ist ein ganz besonderer, heiliger Tag! Er gehört mir.«

Der Garten Eden
Genesis (1. Mose) 2,4-25

Als Gott, der Herr, Himmel und Erde gemacht hatte, wuchsen zunächst keine Gräser und Sträucher, denn Gott hatte es noch nicht regnen lassen. Außerdem war niemand da, der den Boden bebauen konnte. Nur aus der Tiefe der Erde stieg Wasser auf und tränkte den Boden. Da nahm Gott Erde, formte daraus den Menschen und blies ihm den Lebensatem in die Nase. So wurde der Mensch lebendig.

Dann legte Gott, der Herr, einen Garten im Osten an, in der Landschaft Eden, und brachte den Menschen, den er geformt hatte, dorthin. Viele verschiedene Bäume ließ er im Garten wachsen. Sie sahen prachtvoll aus und trugen köstliche Früchte. In der Mitte des Gartens standen zwei Bäume: der Baum, dessen Frucht Leben schenkt, und der Baum, der Gut und Böse erkennen lässt. Ein Fluss entsprang in Eden und bewässerte den Garten. Dort teilte er sich in vier Arme: Der erste Fluss heißt Pischon, er fließt rund um das Land Hawila. Dort gibt es reines Gold, wertvolles Harz und den Edelstein Karneol. Der zweite ist der Gihon, er fließt rund um das Land Äthiopien. Der dritte heißt Tigris, er fließt östlich von Assyrien. Der vierte ist der Euphrat. Gott, der Herr, setzte den Menschen in den Garten von Eden. Er gab ihm die Aufgabe, den Garten zu bearbeiten und zu schützen. Dann schärfte er ihm ein: »Von allen Bäumen im Garten darfst du essen, nur nicht von dem Baum, der dich Gut und Böse erkennen lässt. Sobald du davon isst, musst du sterben!« Gott, der Herr, dachte sich: »Es ist nicht gut, dass der Mensch allein lebt. Er soll eine Gefährtin bekommen, die zu ihm passt!« Er formte aus dem Erdboden die Landtiere und die Vögel und brachte sie zu dem Menschen, um zu sehen, wie er sie nennen würde. Genauso sollten sie dann heißen. Der Mensch betrachtete die Tiere und benannte sie. Für sich selbst aber fand er niemanden, mit dem er leben konnte und der zu ihm passte.

Da ließ Gott, der Herr, einen tiefen Schlaf über ihn kommen, entnahm ihm eine Rippe und verschloss die Stelle wieder mit Fleisch. Aus der Rippe formte er eine Frau und brachte sie zu dem Menschen. Da rief dieser: »Endlich gibt es jemanden wie mich! Sie wurde aus einem Teil von mir gemacht – wir gehören zusammen!«

Darum verlässt ein Mann seine Eltern und verbindet sich so eng mit seiner Frau, dass die beiden eins sind mit Leib und Seele. Der Mann und die Frau waren nackt, sie schämten sich aber nicht.

Die erste Sünde
Genesis (1. Mose) 3

Die Schlange war listiger als alle anderen Tiere, die Gott, der Herr, gemacht hatte. »Hat Gott wirklich gesagt, dass ihr von keinem Baum die Früchte essen dürft?«, fragte sie die Frau.

»Natürlich dürfen wir«, antwortete die Frau, »nur von dem Baum in der Mitte des Gartens nicht. Gott hat gesagt: ›Esst nicht von seinen Früchten, ja — berührt sie nicht einmal, sonst müsst ihr sterben!‹«

»Unsinn! Ihr werdet nicht sterben«, widersprach die Schlange, »aber Gott weiß: Wenn ihr davon esst, werden eure Augen geöffnet — ihr werdet sein wie Gott und wissen, was Gut und Böse ist.«

Die Frau schaute den Baum an. Er sah schön aus! Seine Früchte wirkten verlockend, und klug würde sie davon werden! Sie pflückte eine Frucht, biss hinein und reichte sie ihrem Mann, und auch er aß davon. Plötzlich gingen beiden die Augen auf, und ihnen wurde bewusst, dass sie nackt waren. Hastig flochten sie Feigenblätter zusammen und machten sich einen Lendenschurz. Am Abend, als ein frischer Wind aufkam, hörten sie, wie Gott, der Herr, im Garten umherging. Ängstlich versteckten sie sich vor ihm hinter den Bäumen.

Aber Gott rief: »Adam, wo bist du?« Adam

antwortete: »Ich hörte dich im Garten und hatte Angst, weil ich nackt bin. Darum habe ich mich versteckt.«

»Wer hat dir gesagt, dass du nackt bist?«, fragte Gott. »Hast du etwa von den verbotenen Früchten gegessen?«

»Ja«, gestand Adam, »aber die Frau, die du mir gegeben hast, reichte mir eine Frucht — deswegen habe ich davon gegessen!«

»Warum hast du das getan?«, wandte der Herr sich an die Frau.

»Die Schlange hat mich dazu verführt!«, verteidigte sie sich.

Da sagte Gott, der Herr, zur Schlange: »Das ist deine Strafe: Verflucht sollst du sein — verstoßen von allen anderen Tieren! Du wirst auf dem Bauch kriechen und Staub schlucken, solange du lebst! Von nun an werden du und die Frau Feinde sein, auch zwischen deinem und ihrem Nachwuchs soll Feindschaft herrschen. Er wird dir den Kopf zertreten, und du wirst ihn in die Ferse beißen!«

Dann wandte Gott sich zur Frau: »Du wirst viel Mühe haben in der Schwangerschaft. Unter Schmerzen wirst du deine Kinder zur Welt bringen. Du wirst dich nach deinem Mann sehnen, aber er wird dein Herr sein!«

Zu Adam sagte er: »Deiner Frau zuliebe hast du mein Verbot missachtet. Deshalb soll der Ackerboden verflucht sein! Dein ganzes Leben lang wirst du dich abmühen, um dich von seinem Ertrag zu ernähren. Du bist auf ihn angewiesen, um etwas zu essen zu haben, aber er wird immer wieder mit Dornen und Disteln übersät sein. Du wirst dir dein Brot mit Schweiß verdienen müssen, bis du stirbst. Dann wirst du zum Erdboden zurückkehren, von dem ich dich genommen habe. Denn du bist Staub von der Erde, und zu Staub musst du wieder werden!«

Adam gab seiner Frau den Namen Eva (»Leben«), denn sie sollte die Stammmutter aller Menschen werden. Gott, der Herr, machte für die beiden Kleider aus Fell. Dann sagte er: »Nun ist der Mensch geworden wie wir, weil er Gut und Böse erkennen kann. Auf keinen Fall darf er jetzt von dem Baum essen, dessen Frucht Leben schenkt – sonst lebt er für immer!« Darum schickte er die beiden aus dem Garten Eden fort und gab ihnen den Auftrag, den Ackerboden zu bebauen, aus dem er sie gemacht hatte. An der Ostseite des Gartens stellte er Engel mit flammenden Schwertern auf. Sie sollten den Weg zu dem Baum bewachen, dessen Frucht Leben schenkt.

Die Konsequenzen der Sünde

Der Ungehorsam von Adam und Eva ist bekannt als der »Sündenfall«. »Fall« deshalb, weil sie aus der ungestörten Beziehung zu Gott, zueinander und zur Schöpfung, die sie im Garten Eden genossen hatten, herausgefallen sind. Die folgenden Kapitel im Buch Genesis erzählen von den gravierenden Folgen dieses Falls: der erste Mord geschieht (Kain tötet seinen Bruder Abel), und weitere erschreckende Dinge spielen sich ab.

Daraufhin entschließt sich Gott, die Sünde zu bekämpfen und das Böse von der Erde zu vertilgen. Er sendet die große Flut. Nur die Familie von Noah wird gerettet. Mit ihr will Gott einen neuen Anfang machen. Zusammen mit je einem Paar aller Tiere übersteht sie in der Arche, die Noah auf Gottes Geheiß hin baut, die Sintflut.

Die Rettung in der Arche
Genesis (1. Mose) 6,5-22

Der Herr sah, dass die Menschen voller Bosheit waren. Jede Stunde, jeden Tag ihres Lebens hatten sie nur eines im Sinn: Böses planen, Böses tun. Der Herr war bekümmert und wünschte, er hätte die Menschen nie erschaffen. »Ich werde die Menschen und mit ihnen die Tiere wieder vernichten!«, sagte er. »Es wäre besser, ich hätte sie gar nicht erst erschaffen.«

Noah fand Gnade beim Herrn. Dies ist seine Geschichte:

Noah lebte so, wie es Gott gefiel, und hörte auf ihn. Er tat nur, was in Gottes Augen gut war. Die Menschen, die ihn kannten, wussten, dass er ein vorbildliches Leben führte. Er hatte drei Söhne: Sem, Ham und Jafet. Die übrige Menschheit aber war vollkommen verdorben. Keiner wollte von Gott etwas wissen, niemand beachtete das Recht und die Gesetze. Es gab nur ein Gesetz: Grausamkeit.

Da sprach Gott zu Noah: »Ich habe beschlossen, die gesamte Menschheit zu vernichten, denn wo man auch hinsieht, herrscht Grausamkeit. Darum werde ich alles auslöschen! Bau dir ein Schiff aus Holz, und dichte es außen und innen mit Pech ab! Drei Stockwerke soll es haben und jedes Stockwerk mehrere Räume. Es muss 150 Meter lang, 25 Meter breit und 15 Meter hoch sein. Setz ein Dach darauf, das einen halben Meter hoch ist, und bau an einer Schiffsseite eine Tür ein! Mit einer großen Wasserflut werde ich die Erde überschwemmen. Kein Lebewesen soll verschont bleiben. Nur dir gebe ich ein Versprechen: Du sollst überleben. Geh mit deiner Frau, deinen Söhnen und Schwiegertöchtern ins Schiff! Nimm von allen Tieren ein Männchen und ein Weibchen mit, damit keine Tierart ausstirbt. Jede

Art der Vögel, des Viehs und aller anderen Landtiere soll mit ins Schiff kommen, damit sie alle
erhalten bleiben. Leg genug Vorräte an, dass es
für euch und die Tiere ausreicht!«

Noah führte alles so aus, wie Gott es ihm aufgetragen hatte.

Die Flut

Genesis (1. Mose) 7,1-24

Dann sagte der Herr zu ihm: »Geh nun mit deiner ganzen Familie in das Schiff! Denn du bist der
Einzige, der noch vor mir bestehen kann! Nimm
von allen reinen Tieren je sieben Paare mit und
von allen unreinen nur je ein Männchen und ein
Weibchen! Bring auch je sieben Paare von allen
Vogelarten mit! So können sich die verschiedenen Tierarten nach der Flut wieder vermehren und weiter bestehen. Noch eine Woche, dann
werde ich es vierzig Tage und vierzig Nächte regnen lassen, damit alle Lebewesen umkommen,
die ich geschaffen habe!«

Noah befolgte alles genau so, wie der Herr es
befohlen hatte. Er war 600 Jahre alt, als die Wasserflut über die Erde hereinbrach. Noah und
seine Frau, seine Söhne und Schwiegertöchter
gingen in das Schiff, um sich vor den Wassermassen in Sicherheit zu bringen. Sie nahmen die verschiedenen Tierarten mit – die reinen und un-

reinen –, von den Vögeln bis zu den Kriechtieren. Paarweise kamen sie in das Schiff, so wie Gott es angeordnet hatte. Nach sieben Tagen brach die Flut herein. Es war im 600. Lebensjahr Noahs, am 17. Tag des 2. Monats. Alle Quellen in der Tiefe brachen auf, und die Schleusen des Himmels öffneten sich. Vierzig Tage und vierzig Nächte regnete es in Strömen. Aber Noah und seine Frau, seine Söhne und Schwiegertöchter waren genau an diesem Tag in das Schiff gegangen, zusammen mit den verschiedenen Tieren.

Sie waren paarweise gekommen, ein Männchen und ein Weibchen. Niemand fehlte, alle waren an Bord, genau wie Gott es befohlen hatte, und der Herr schloss hinter ihnen zu.

Vierzig Tage lang fiel das Wasser vom Himmel. Die Flut stieg ständig an und hob das Schiff vom Boden ab. Die Wassermassen nahmen immer mehr zu, bis das Schiff auf dem Wasser schwimmen konnte. Bald waren sämtliche Berge bedeckt, das Wasser stand sieben Meter über ihren höchsten Gipfeln. Alle Lebewesen ertranken: das Vieh, die wilden Tiere, Vögel, Kriechtiere und auch die Menschen. Gott löschte das Leben auf der Erde aus. Niemand konnte sich retten. Nur Noah und seine Familie kamen mit dem Leben davon. Hundertfünfzig Tage lang blieb das Wasser auf seinem höchsten Stand.

Gottes Versprechen für die Erde

Genesis (1. Mose) 8,1-22

Aber Gott hatte Noah und die Tiere auf dem Schiff nicht vergessen. Er sorgte dafür, dass ein Wind aufkam, der das Wasser zurückgehen ließ. Die Quellen in der Tiefe versiegten, und die Schleusen des Himmels wurden verschlossen, sodass kein Regen mehr fiel.

Nach den hundertfünfzig Tagen ging das Wasser allmählich zurück, und plötzlich – am 17. Tag des 7. Monats – saß das Schiff auf einem der Berge von Ararat fest. Schon bis zum 1. Tag des 10. Monats war das Wasser so weit gesunken, dass die Berggipfel sichtbar geworden waren. Nach weiteren vierzig Tagen öffnete Noah das Fenster und ließ einen Raben hinaus. Der flog so lange ein und aus, bis das Wasser abgeflossen war. Noah ließ eine Taube fliegen, um zu sehen, ob das Wasser versickert war. Aber die Taube fand keinen Platz zum Ausruhen, denn die Flut bedeckte noch das ganze Land. Darum kehrte sie zu Noah zurück. Er streckte seine Hand aus und holte sie wieder ins Schiff. Dann wartete er noch weitere sieben Tage und ließ die Taube erneut hinaus. Sie kam gegen Abend zurück, mit dem frischen Blatt eines Ölbaums im Schnabel. Da wusste Noah, dass das Wasser fast versickert war. Eine Woche später ließ er die Taube zum dritten Mal fliegen, und diesmal kehrte sie nicht mehr zurück.

Im 601. Lebensjahr Noahs, am 1. Tag des 1. Monats, war das Wasser abgeflossen. Noah entfernte das Dach vom Schiff und hielt Ausschau. Tatsächlich – das Wasser war verschwunden! Am 27. Tag des 2. Monats war der Erdboden wieder trocken.

Da sagte Gott zu Noah: »Verlass mit deiner Frau, deinen Söhnen und Schwiegertöchtern das Schiff! Lass alle Tiere frei, die bei dir sind: die Vögel und alle großen und kleinen Landtiere. Sie sollen sich vermehren und sich auf der Erde ausbreiten!«

Also verließ Noah mit seiner Familie und allen Tieren das Schiff.

Dann baute er für den Herrn einen Altar und brachte von allen reinen Vögeln und den anderen reinen Tieren je eines als Brandopfer dar.

Der Herr wurde durch das Opfer gnädig gestimmt und sagte sich: »Nie mehr will ich wegen der Menschen die Erde vernichten, obwohl sie von frühester Jugend an voller Bosheit sind. Nie wieder will ich alles Leben auslöschen, wie ich es getan habe!

Solange die Erde besteht, soll es immer Saat und Ernte, Kälte und Hitze, Sommer und Winter, Tag und Nacht geben.«

Abraham

Das nächste große Ereignis in der Geschichte, die die Bibel erzählt, ist die Entscheidung eines Wüstennomaden namens Abram, seine Heimat Ur in Chaldäa zu verlassen und sich auf den Weg Richtung Westen zu begeben. Er folgt der Aufforderung eines Gottes, den er kaum kennt. Aber der Ruf, den er vernimmt, ist so stark und eindrücklich, dass er ihm gehorcht – mit Konsequenzen, die in der Religionsgeschichte der Menschheit tiefe Spuren hinterlassen haben. Aus dieser einen Entscheidung sind drei große Weltreligionen hervorgegangen: das Judentum – die Religion der jüdischen Nachfahren Abrams; das Christentum – gegründet auf den Glauben an Jesus von Nazareth, der, so glauben seine Nachfolger, der »Nachkomme« ist, der Abram verheißen wurde, und schließlich der Islam – auch seine Glaubensgeschichte beginnt mit Abram.

Abram wandert westwärts und hat eine Gottesbegegnung, die sein Leben verändert. Daraufhin erhält er den Namen »Abraham« und das Versprechen, dass eines Tages durch seinen Nachkommen alle Nationen der Erde gesegnet werden sollen. Der folgende Abschnitt erzählt diese Geschichte von dem Ruf, den Abram vernahm, und von seiner ersten Begegnung mit dem Gott, der ihn gerufen hat.

Gott erwählt Abram

Genesis (1. Mose) 12,1-7

Der Herr sagte zu Abram: »Geh fort aus deinem Land, verlass deine Heimat und deine Verwandtschaft, und zieh in das Land, das ich dir zeigen werde!

Deine Nachkommen sollen zu einem großen Volk werden; ich werde dir viel Gutes tun; deinen Namen wird jeder kennen und mit Achtung aussprechen. Durch dich werden auch andere Menschen am Segen teilhaben. Wer dir Gutes wünscht, den werde ich segnen. Wer dir aber Böses wünscht, den werde ich verfluchen! Alle Völker der Erde sollen durch dich gesegnet werden.«

Abram gehorchte und machte sich auf den Weg. Er war zu diesem Zeitpunkt 75 Jahre alt. Mit ihm kamen seine Frau Sarai, sein Neffe Lot, alle Knechte und Mägde und ihr ganzer Besitz. Sie erreichten Kanaan und durchzogen das Land, das damals von den Kanaanitern bewohnt wurde. Bei Sichem ließen sie sich nieder, in der Nähe des Orakelbaums.

An dieser Stätte zeigte der Herr sich Abram und versprach ihm: »Ich werde dieses Land deinen Nachkommen geben!« Abram schichtete Steine auf als Opferstätte für Gott, dort, wo der Herr ihm erschienen war.

Exodus (Das 2. Buch Mose)

Das Buch Exodus erzählt die Geschichte der Befreiung Israels aus Ägypten, ein Ereignis, das im Judentum bis heute im jährlichen Passahfest gefeiert wird. Einige Jahrhunderte nach Abraham sind seine Nachkommen in Ägypten zu Sklaven geworden. Josef (der mit dem prächtigen Gewand!), einst von seinen Brüdern als Sklave dorthin verkauft, war schließlich zum Stellvertreter des Pharaos aufgestiegen. Aber nach seinem Tod verblasst sein mächtiger Einfluss rasch, und sein Volk, das nun in Ägypten angesiedelt ist, muss unter grausamen Bedingungen schweren Sklavendienst beim Bau der ägyptischen Prachtbauten leisten.

Der Hebräer Mose wächst als Adoptivsohn der Tochter des Pharaos am königlichen Hof auf. Dennoch lernt er den Glauben seiner hebräischen Vorfahren und fühlt sich diesem Glauben und seinem Volk verbunden. Bestimmte Umstände zwingen ihn, aus Ägypten zu fliehen, und er lebt einige Jahrzehnte in der Wüstenregion Midian. Eines Tages, als er mit den Herden seines Schwiegervaters durch die Steppe zieht, widerfährt ihm folgendes Erlebnis.

Gott spricht zu Mose

Exodus (2. Mose) 3,1-10

Mose hütete damals die Schafe und Ziegen seines Schwiegervaters Jitro, des Priesters von Midian. Eines Tages trieb er die Herde von der Steppe hinauf in die Berge und kam zum Horeb, dem Berg Gottes.

Dort erschien ihm der Engel des Herrn in einer Flamme, die aus einem Dornbusch schlug. Als Mose genauer hinsah, bemerkte er, dass der Busch zwar in Flammen stand, aber nicht niederbrannte.

»Merkwürdig«, dachte Mose, »warum verbrennt der Busch nicht? Das muss ich mir aus der Nähe ansehen.«

Der Herr sah, dass Mose sich dem Feuer näherte, um es genauer zu betrachten. Da rief er ihm aus dem Busch zu: »Mose, Mose!«

»Ja, Herr«, antwortete er.

»Komm nicht näher!«, befahl Gott. »Zieh deine Sandalen aus, denn du stehst auf heiligem Boden! Ich bin der Gott deiner Vorfahren, der Gott Abrahams, Isaaks und Jakobs.« Mose verhüllte sein Gesicht, denn er hatte Angst davor, Gott anzuschauen.

Der Herr sagte: »Ich habe gesehen, wie schlecht es meinem Volk in Ägypten geht, und ich habe auch gehört, wie sie über ihre Unterdrückung klagen. Ich weiß, was sie dort erleiden müssen.

Darum bin ich gekommen, um sie aus der Gewalt der Ägypter zu retten. Ich will sie aus diesem Land herausführen und in ein gutes, großes Land bringen, in dem Milch und Honig fließen. Jetzt leben dort noch die Kanaaniter, Hetiter, Amoriter, Perisiter, Hiwiter und Jebusiter. Ja, ich habe die Hilfeschreie der Israeliten gehört; ich habe gesehen, wie die Ägypter sie quälen.

Darum geh nach Ägypten, Mose! Ich sende dich zum Pharao, denn du sollst mein Volk Israel aus Ägypten herausführen!«

Die Flucht aus Ägypten

Mose tut, wenn auch zunächst widerstrebend, was Gott ihm aufgetragen hat. Mit seinem Bruder Aaron kehrt er nach Ägypten zurück. Aber erst, nachdem Gott zehn schwere Plagen über das Land kommen lässt, können sie den Pharao dazu bewegen, die Hebräer (die »Israeliten«) ziehen zu lassen. Am Abend vor ihrer Flucht – die Nacht der letzten tödlichen Plage, die allen erstgeborenen Söhnen der Ägypter den Tod brachte – teilen sie das Passahmahl miteinander. Das Blut der für das Passahmahl geschlachteten Lämmer wird an die Türpfosten gestrichen – ein Zeichen zur Bewahrung vor der tödlichen Plage. Dann verlassen sie Ägypten unter der Führung von Mose – eine große Volksmenge, die westwärts zum Roten Meer zieht. Schnell werden sie aber von den Streitwagen des Pharaos verfolgt, der seine Meinung geändert hat und beabsichtigt, das Volk als Sklaven zurück nach Ägypten zu holen.

Als die Israeliten das Meer erreichen, müssen sie haltmachen – und erblicken hinter sich die rasch herannahenden Streitwagen der ägyptischen Truppen. Hilfe suchend wenden sie sich an Mose, und Mose wendet sich an Gott.

Der Weg durchs Rote Meer
Exodus (2. Mose) 14,15–31

Der Herr aber sagte zu Mose: »Warum schreist du zu mir um Hilfe? Sag den Israeliten lieber, dass sie aufbrechen sollen! Heb deinen Stab hoch, und streck ihn aus über das Meer! Es wird sich teilen, und ihr könnt trockenen Fußes mitten hindurchziehen.

Ich werde die Ägypter so starrsinnig machen, dass sie euch auch dort noch verfolgen. Ich will meine Macht und Herrlichkeit zeigen und den Pharao und sein Heer mit den Streitwagen und Reitern vernichten. Die Ägypter sollen erkennen, dass ich der Herr bin. Ja, mein Sieg über den Pharao, seine Streitwagen und Reiter wird mir Ehre bringen!«

Der Engel Gottes, der bisher den Israeliten vorangezogen war, stellte sich nun ans Ende des Zuges. Auch die Wolkensäule, die sonst vor ihnen herzog, stand jetzt hinter ihnen, genau zwischen den Ägyptern und den Israeliten. Sie versperrte dem ägyptischen Heer wie eine dunkle Wand die Sicht, für die Israeliten aber leuchtete sie die ganze Nacht. So kamen die Ägypter während der Nacht nicht an die Israeliten heran.

Mose streckte seine Hand über das Wasser aus; da ließ der Herr einen starken Ostwind aufkommen, der das Meer die ganze Nacht hindurch zurücktrieb und den Meeresboden zu trockenem Land machte. Das Wasser teilte sich, und die Israeliten konnten trockenen Fußes mitten durchs Meer ziehen. Links und rechts von ihnen türmten sich die Wassermassen wie Mauern auf.

Die Ägypter jagten den Israeliten nach. Mit allen Streitwagen, Pferden und Reitern stürmten sie ins Meer hinein. Kurz vor Tagesanbruch blickte der Herr aus der Wolken- und Feuersäule auf das ägyptische Heer hinab und brachte es in Verwirrung.

Er ließ die Räder ihrer Streitwagen abspringen, sodass sie nur mühsam vorankamen. »Der Herr steht auf der Seite der Israeliten«, riefen die Ägypter, »er kämpft gegen uns! Kehrt um! Flieht!«

Da sprach der Herr zu Mose: »Streck deine Hand noch einmal über das Meer aus, damit das Wasser zurückkehrt und die Wagen und Reiter der Ägypter überflutet!«

Mose gehorchte: Bei Tagesanbruch streckte er seine Hand über das Meer aus. Da strömte das

Wasser wieder zurück, den fliehenden Ägyptern entgegen. So trieb der Herr die Ägypter mitten ins Meer hinein. Die Wassermassen flossen zurück und überfluteten die Streitwagen und Reiter des Pharaos, die den Israeliten ins Meer hinein gefolgt waren.

Kein einziger Ägypter blieb am Leben!

Die Israeliten aber waren trockenen Fußes durchs Meer gezogen, während das Wasser wie eine Mauer zu beiden Seiten stand.

So rettete der Herr die Israeliten an diesem Tag vor den Ägyptern; sie sahen, wie die Leichen ihrer Feinde ans Ufer geschwemmt wurden. Als die Israeliten erkannten, dass der Herr die Ägypter mit großer Macht besiegt hatte, wurden sie von Ehrfurcht ergriffen. Sie vertrauten ihm und seinem Diener Mose.

Nahrung in der Wüste

Als die Israeliten – angeführt von Mose, einem Mann mit herausragenden Führungsqualitäten und beträchtlichem Mut, aber auch mit gravierenden Fehleinschätzungen in seinem Urteilsvermögen – sich daranmachen, die Wüstengebiete zu durchqueren, die zwischen ihnen und dem »verheißenen Land« liegen, muss ihnen bewusst gewesen sein, dass die Versorgung mit genügend Nahrung und Wasser sich als Problem erweisen würde. Immer wieder führt Gott sie in der

Wüste an Wasserstellen. Für Nahrung sorgt Gott auf eine ungewöhnlichere, wunderhafte Weise. Das Volk hat sich bei Mose beschwert, er habe sie nur in die Wüste geführt, damit sie dort den Hungertod stürben. Mose bittet Gott um Hilfe, und Gott versichert ihm, er werde Nahrung für das Volk »vom Himmel regnen« lassen! Der folgende Absatz erzählt, was in dieser Nacht und am nächsten Morgen passierte.

Manna in der Wüste
Exodus (2. Mose) 16,13-18

Am selben Abend zogen Schwärme von Wachteln heran und ließen sich überall im Lager nieder. Und am nächsten Morgen lag Tau rings um das Lager.

Als er verdunstet war, blieben auf dem Wüstenboden feine Körner zurück, die aussahen wie Reif. Die Israeliten entdeckten sie und fragten sich: »Was ist das bloß?«[*] Nie zuvor hatten sie so etwas gesehen. Mose erklärte ihnen: »Dies ist das Brot, das euch der Herr zu essen gibt. Der Herr hat angeordnet: Jeder von euch soll so viel sammeln, wie er für seine Familie braucht, ein Krug von zweieinhalb Litern für jede Person, die in seinem Zelt lebt.«

Die Israeliten hielten sich daran und lasen die Körner auf, einer mehr, der andere weniger. Doch als sie es zu Hause maßen, hatte der nicht zu viel, der viel eingesammelt hatte, und wer nur wenig aufgelesen hatte, dem fehlte nichts. Jeder hatte genau so viel, wie er brauchte.

* »Man-hu« bedeutet auf Hebräisch: »Was ist das?« Daher die Bezeichnung »Manna«.

Sinai

Schließlich erreichen die Israeliten auf ihrer Wanderung den Berg Sinai. Hier erhält Mose den Auftrag, auf den Gipfel des Berges zu steigen, dort werde Gott ihm begegnen. In dieser Begegnung werden Mose von Gott die Zehn Gebote übergeben. Sie sind das Herzstück der Ethik und des Gesetzes Israels – und auch vieler späterer Kulturen, einschließlich des Christentums. Diese Begegnung ist in eine Atmosphäre des Geheimnisvollen, der Ehrfurcht, der Erhabenheit eingehüllt – Donner, Blitz und Erdbeben drücken dies aus. Die am Fuß des Berges wartende Menge kann nur vermuten, was vor sich geht. Während Mose lange auf dem Berg verweilt (die sprichwörtlichen »vierzig Tage«) ziehen sie die Schlussfolgerung, dass er nicht zurückkommen wird. Sie überreden Aaron, ein goldenes Kalb herzustellen – einen sichtbaren Gott, den sie anbeten können und der vor ihnen herziehen soll. So rasch haben sie Gottes rettendes und befreiendes Handeln und seine Führung und Fürsorge auf den langen Wüstenwegen vergessen.

Die Zehn Gebote

Exodus 20,1-21

Dann redete Gott. Er sprach: »Ich bin der Herr, dein Gott; ich habe dich aus der Sklaverei in Ägypten befreit. Du sollst außer mir keine anderen Götter verehren!

Fertige dir keine Götzenstatue an, auch kein Abbild von irgendetwas am Himmel, auf der Erde oder im Meer. Wirf dich nicht vor solchen Götterfiguren nieder, bring ihnen keine Opfer dar! Denn ich bin der Herr, dein Gott. Ich dulde keinen neben mir! Wer mich verachtet, den werde ich bestrafen. Sogar seine Kinder, Enkel und Urenkel werden die Folgen spüren! Doch denen, die mich lieben und sich an meine Gebote halten, bin ich gnädig. Über Tausende von Generationen werden auch ihre Nachkommen meine Liebe erfahren.

Du sollst meinen Namen nicht missbrauchen, denn ich bin der Herr, dein Gott! Ich lasse keinen ungestraft, der das tut!

Achte den Sabbat als einen Tag, der mir allein geweiht ist! Sechs Tage sollst du deine Arbeit verrichten, aber der siebte Tag ist ein Ruhetag, der mir, dem Herrn, deinem Gott, gehört. An diesem Tag sollst du nicht arbeiten, weder du noch deine Kinder, weder dein Knecht noch deine Magd, auch nicht deine Tiere oder der Fremde, der bei dir lebt. Denn in sechs Tagen habe ich, der Herr, den Himmel, die Erde und das Meer geschaffen und alles, was lebt. Aber am siebten Tag ruhte ich. Darum habe ich den Sabbat gesegnet und für heilig erklärt.

Ehre deinen Vater und deine Mutter, dann wirst du lange in dem Land leben, das ich, der Herr, dein Gott, dir gebe.

Du sollst nicht töten!

Du sollst nicht die Ehe brechen!

Du sollst nicht stehlen!

Sag nichts Unwahres über deinen Mitmenschen!

Begehre nicht, was deinem Mitmenschen gehört: weder sein Haus noch seine Frau, seinen Knecht oder seine Magd, Rinder oder Esel oder irgendetwas anderes, was ihm gehört.«

Als die Israeliten den Donner und den Klang des Horns hörten, als sie die Blitze und den rauchenden Berg sahen, zitterten sie vor Angst und zogen sich vom Fuß des Berges zurück. Sie sagten zu Mose: »Rede nur du mit uns, wir wollen auf dich hören! Gott selbst aber soll nicht mehr zu uns sprechen, sonst sterben wir noch!«

Doch Mose beruhigte sie: »Habt keine Angst! Gott ist gekommen, um euch auf die Probe zu stellen. Er will, dass ihr Ehrfurcht vor ihm habt und keine Schuld auf euch ladet.«

Das Volk blieb in einiger Entfernung vom Berg stehen. Nur Mose näherte sich der dunklen Wolke, in der Gott war.

Deuteronomium (Das 5. Buch Mose)

Die letzten Worte von Mose

Mose ist unumstritten eine der bedeutendsten Gestalten der Bibel. Sein Einfluss auf die Geschichte des jüdischen Volkes und seines Glaubens war immens. Die folgenden Passagen fassen seine letzten Worte zusammen, die er an das Volk richtet. Sie wurden vermutlich von späteren Bearbeitern in den Bericht seines Lebens eingefügt und dienen als beständige Warnung davor, religiöse Kompromisse einzugehen. Denn inzwischen ist das Volk sesshaft geworden und von Völkern umgeben, die eine Vielzahl unterschiedlicher Götter anbeten und unmenschliche Praktiken wie Menschenopfer durchführen. Aber das eigentliche Hauptanliegen dieser Rede ist, dass die Gesetze vom Berg Sinai nicht nur in der Bundeslade im Heiligtum aufbewahrt werden, sondern dass sie vor allem in den Herzen der Menschen Raum finden.

Mose wird von seinem »Stellvertreter« Josua abgelöst (Josua bedeutet »Retter«). Josua wird nach Moses Tod die Israeliten über den Jordanfluss in das verheißene Land führen.

Moses Abschiedsrede
Deuteronomium (5. Mose) 31,1-12

Mose sagte zu den Israeliten: »Ich bin jetzt 120 Jahre alt und kann euch nicht länger führen. Der Herr hat mir verboten, den Jordan zu überqueren. Er selbst, der Herr, euer Gott, wird vor euch hergehen. Er wird die Völker, auf die ihr trefft, vernichten und euch helfen, ihr Land einzunehmen. Josua wird dabei die Führung übernehmen, wie der Herr es bestimmt hat.

Der Herr löscht die Völker dort genauso aus wie hier die Amoriter mit ihren Königen Sihon und Og. Wenn er sie in eure Gewalt gibt, dann behandelt sie, wie er es euch durch mich befohlen hat.

Seid mutig und stark! Habt keine Angst, und lasst euch nicht von ihnen einschüchtern! Der Herr, euer Gott, geht mit euch. Er hält immer zu euch und lässt euch nicht im Stich!«

Dann rief Mose Josua zu sich und sagte vor allen Israeliten zu ihm: »Sei mutig und stark! Denn du wirst dieses Volk in das Land bringen, das der Herr euch gibt, wie er es euren Vorfahren versprochen hat. Du wirst dieses Land unter den Israeliten aufteilen. Der Herr selbst geht vor dir her. Er steht dir zur Seite und verlässt dich nicht. Immer hält er zu dir. Hab keine Angst, und lass dich von niemandem einschüchtern!«

Mose hatte das ganze Gesetz aufgeschrieben

und überreichte es nun den führenden Männern Israels und den Priestern vom Stamm Levi, die für die Bundeslade verantwortlich waren.

»(...) Sie alle sollen das Gesetz hören. Sie sollen lernen, was darin steht, damit sie Ehrfurcht vor dem Herrn, eurem Gott, haben und alle Gebote genau befolgen.«

Josua wird zu Moses Nachfolger berufen

Deuteronomium (5. Mose) 31,14.15;23-28

Der Herr sprach zu Mose: »Du wirst nun bald sterben. Ruf Josua, und komm mit ihm in mein heiliges Zelt! Ich will ihm jetzt Anweisungen für seine neue Aufgabe geben.«

Mose und Josua gingen zum Heiligtum, und der Herr erschien am Eingang in der Wolkensäule. (...)

Dann redete der Herr auch mit Josua, dem Sohn Nuns: »Sei stark und mutig! Denn du wirst die Israeliten in das Land bringen, das ich ihnen versprochen habe. Ich selbst werde dir helfen.«

Nachdem Mose das ganze Gesetz auf eine Buchrolle geschrieben hatte, sagte er zu den Leviten, die für die Bundeslade des Herrn verantwortlich waren:

»Legt die Buchrolle neben die Bundeslade des Herrn, eures Gottes. Sie zeigt euch Israeliten, was Gott von euch erwartet. Ich weiß, wie widerspenstig und eigensinnig ihr seid. Solange ich bei euch war, habt ihr euch immer wieder gegen den Herrn aufgelehnt. Wie wird es erst sein, wenn ich gestorben bin! Alle führenden Männer eurer Sippen und Stämme sollen zu mir kommen. Ich will mit ihnen sprechen. Himmel und Erde sind dabei meine Zeugen.«

Das Buch Josua

Josua nimmt seine Aufgabe wahr und führt die Israeliten an das Ufer des Jordan, bereit, ihn in Richtung Kanaan zu überqueren. Es ist Frühling, und der Fluss führt Hochwasser. Doch sobald die Priester, die die Bundeslade tragen, ihren Fuß ins Wasser setzen, verläuft sich das Wasser, es entsteht ein Übergang, auf dem das Volk den Fluss überqueren kann – ein zweiter »Durchzug durchs Meer« auf ihrer langen Reise.

Israel überquert den Jordan
Josua 3,1-17

Frühmorgens befal Josua dem Volk, von Schittim aufzubrechen. Sie erreichten den Jordan, überquerten ihn aber noch nicht, sondern schlugen zunächst ihre Zelte am östlichen Ufer auf.

Nach drei Tagen ließ Josua die führenden Männer durch das Lager gehen. Sie sollten ausrufen: »Sobald ihr seht, dass die Priester vom Stamm Levi die Bundeslade des Herrn, eures Gottes, tragen, brecht euer Lager ab, und folgt ihnen!

Haltet aber einen Abstand von tausend Metern zwischen euch und den Priestern, damit ihr der Bundeslade nicht zu nahe kommt. Sie zeigt euch den Weg, den ihr gehen sollt, denn ihr kennt ihn ja noch nicht.« Dann sprach Josua selbst zum Volk: »Reinigt euch, und bereitet euch darauf vor, Gott zu begegnen! Morgen wird er vor euren Augen Wunder tun.«

Am nächsten Tag forderte Josua die Priester auf: »Nehmt die Bundeslade, und tragt sie vor dem Volk her!« Sie folgten seinem Befehl.

Darauf sprach der Herr zu Josua: »Ich will heute damit beginnen, dir bei allen Israeliten Achtung zu verschaffen. Sie sollen wissen, dass ich dir helfe, so wie ich Mose geholfen habe. Befiehl den Priestern mit der Bundeslade anzuhalten, sobald ihre Füße das Wasser des Jordan berühren.«

Josua ließ die Israeliten zusammenkommen und rief ihnen zu: »Hört, was der Herr, euer Gott, euch sagt: Ihr sollt wissen, dass der lebendige Gott bei euch ist und dass er ganz sicher für euch alle Völker eures neuen Landes vertreiben wird: die Kanaaniter, Hetiter, Hiwiter, Perisiter, Girgaschiter, Amoriter und Jebusiter. Seht, hier ist die Bundeslade des Herrn, dem die ganze Welt gehört! Die Priester werden sie vor euch her in den Jordan tragen. Sobald ihre Füße den Jordan berühren, wird das Wasser sich flussaufwärts stauen und wie ein Wall stehen bleiben. Wenn das geschehen ist, brauche ich zwölf Männer von euch. Wählt aus jedem Stamm einen aus!«

Das Volk brach seine Zelte ab und war bereit, den Fluss zu überqueren. Vor ihnen gingen die Priester mit der Bundeslade.

Der Jordan war wie jedes Jahr zur Erntezeit über die Ufer getreten. Als nun die Träger der Bundeslade das Wasser berührten, staute es sich. Es stand wie ein Wall sehr weit flussaufwärts in der Nähe des Ortes Adam, der bei Zaretan liegt. Das Wasser unterhalb des Walles lief zum Toten Meer hin ab. So konnte das Volk durch das Flussbett gehen. Vor ihnen lag die Stadt Jericho. Die Priester mit der Bundeslade des Herrn standen auf festem Grund mitten im Jordan, und die Israeliten zogen trockenen Fußes an ihnen vorüber ans andere Ufer.

Das 1. Buch Samuel

Das 1. Buch Samuel berichtet von den Geschehnissen in Israel in der Zeit, als Samuel als Prophet – Sprachrohr und geistlicher Repräsentant Gottes – wirkte. Die wichtigsten Ereignisse dieser Zeit sind der Wunsch des Volkes nach der Errichtung einer Monarchie nach dem Vorbild der Nachbarvölker, die katastrophale Herrschaft des ersten eingesetzten Königs, Saul, und die Berufung seines Nachfolgers David durch Samuel – David, der vorerst noch ein junger Schafhirte in Bethlehem ist. David erwirbt durch ein dramatisches Ereignis großen Ruhm, indem er dem Philister Goliat, einem Riesen aus dem gegnerischen Heer, in einem entscheidenden Kampf gegenübertritt.

David und Goliat
1. Samuel 17,17-40

Eines Tages sagte Isai zu David: »Schau doch einmal nach deinen Brüdern, die in den Krieg gezogen sind. Bring ihnen diesen Sack gerösteten Weizen und zehn Brote mit. Ihrem Hauptmann kannst du diese zehn Stücke Käse geben. Erkundige dich, wie es ihnen geht, und bring mir ein Lebenszeichen von ihnen. Sie sind mit Saul und den Israeliten immer noch im Tal der Terebinthen und kämpfen gegen die Philister.«

David überließ die Herde einem Hirtenjungen und machte sich mit allem, was Isai ihm mitgegeben hatte, frühmorgens auf den Weg. Als er das Heer erreichte, zogen die Soldaten gerade unter lautem Kriegsgeschrei zum Kampfplatz und gingen in Stellung. Ihnen gegenüber standen die Philister, auch sie bereit zum Kampf. David ließ sein Gepäck bei der Wache des Lagers zurück und eilte den Soldaten nach, um seine Brüder zu sehen. Als er sie gefunden hatte, fragte er sie, wie es ihnen gehe.

Noch während sie sich unterhielten, kam Goliat von Gat wieder aus den Schlachtreihen der Philister hervor, und David hörte, wie er die Israeliten zum Zweikampf herausforderte. Kaum hatten die Israeliten Goliat erblickt, packte sie die Angst, und sie ergriffen die Flucht. »Hast du gesehen? Dort kommt er wieder!«, riefen sie einander zu. »Hör nur, wie er uns wieder verspottet. Der König hat eine hohe Belohnung ausgesetzt für den, der diesen Kerl umbringt, ja, er will ihm sogar seine Tochter zur Frau geben. Dazu soll seine ganze Familie sofort von den Steuern befreit werden.«

David fragte einige Soldaten in seiner Nähe: »Welche Belohnung soll der Mann erhalten, der diesen Philister da erschlägt und die Schande von unserem Volk abwendet? Wir können doch nicht dulden, dass dieser unbeschnittene Philister sich über das Heer des lebendigen Gottes lustig macht!« Sie erzählten David noch einmal, welche Belohnung der König ausgesetzt hatte.

Als Eliab, Davids ältester Bruder, ihn so mit den Soldaten reden hörte, wurde er zornig. »Was hast du überhaupt hier zu suchen?«, fuhr er ihn an. »Und wer hütet jetzt die paar Schafe und Ziegen in der Steppe? Ich weiß doch genau, wie hochnäsig und eingebildet du bist! Du bist nur zu uns gekommen, um dir eine Schlacht anzusehen.« »Was habe ich denn getan?«, entgegnete David. »Ich habe doch nur eine Frage gestellt!« Er drehte sich zu einem anderen um und fragte noch einmal nach der Belohnung. Und wieder erhielt er dieselbe Antwort.

Als die Soldaten merkten, worauf David hinauswollte, meldete es jemand dem König. Der ließ ihn sofort zu sich rufen. »Mein König«, sagte David zu Saul, »von diesem Kerl müssen wir uns doch nicht einschüchtern lassen! Ich will den Kampf mit ihm aufnehmen.« »Das ist unmöglich!«, antwortete Saul. »Wie soll ein junger Mann wie du den Zweikampf mit diesem Philister gewinnen? Du bist ja fast noch ein Kind, er aber ist ein erfahrener Soldat, der von Jugend auf gelernt hat, mit Waffen umzugehen.« Doch David ließ nicht locker: »Als ich die Schafe und Ziegen meines Vaters hütete, kam es immer wieder vor, dass ein Löwe oder ein Bär die Herde überfiel, ein Schaf packte und es wegschleppen wollte. Dann lief ich ihm nach, schlug auf ihn ein und riss ihm seine Beute aus dem Maul. Stürzte er sich dann wütend auf mich, packte ich ihn an der Mähne oder am Fell und schlug ihn tot. So habe ich mehrere Löwen und Bären erschlagen. Und diesem Philister soll es nicht anders ergehen, denn er hat sich über das Heer des lebendigen Gottes lustig gemacht. Der Herr, der mich aus den Klauen von Löwen und Bären gerettet hat, der wird mich auch vor diesem Philister beschützen.«

Schließlich gab Saul nach: »Gut, du sollst mit ihm kämpfen. Möge der Herr dir beistehen.« Dann gab er David seine eigene Rüstung. Eigenhändig setzte er ihm den Helm aus Bronze auf und zog ihm den Brustpanzer an. Zuletzt schnallte David sich den Gürtel mit dem Schwert um. Mühsam versuchte er einige Schritte zu gehen, denn er hatte noch nie zuvor eine Rüstung getragen. »Das geht nicht! Ich kann mich ja kaum darin bewegen«, sagte er und zog die Rüstung wieder aus. Stattdessen nahm er seinen Hirtenstock und seine Steinschleuder, holte fünf flache Kieselsteine aus einem Bach und steckte sie in seine Hirtentasche. Mit Stock und Schleuder in der Hand schritt er dann auf den Riesen zu.

David besiegt Goliat
1. Samuel 17,41-51

Auch Goliat rückte immer weiter vor, zusammen mit seinem Schildträger, der vorausging. Plötzlich bemerkte er David. »Ach, jetzt schicken sie schon Kinder in den Krieg!«, spottete er, weil David noch sehr jung war, braun gebrannt und gut aussehend. »Bin ich denn ein Hund, dass du mir nur mit einem Stock entgegenkommst?«, brüllte Goliat ihn an und verfluchte David im

Namen sämtlicher Götter, die er kannte. Dann schrie er: »Komm nur her! Ich werde dein Fleisch den Geiern und den wilden Tieren zu fressen geben.«

Doch David rief zurück: »Du, Goliat, trittst gegen mich an mit Schwert, Lanze und Wurfspieß. Ich aber komme mit der Hilfe des Herrn. Er ist der Herr, der allmächtige Gott, und der Gott des israelitischen Heeres. Ihn hast du eben verspottet. Heute noch wird der Herr dich in meine Gewalt geben, ich werde dich besiegen und dir den Kopf abschlagen. Dann werfe ich die Leichen deiner Leute, der Philister, den Geiern und Raubtieren zum Fraß vor. Die ganze Welt soll erfahren, dass wir Israeliten einen mächtigen Gott haben. Und alle Soldaten hier sollen sehen, dass der Herr weder Schwert noch Speer nötig hat, um uns zu retten. Er selbst führt diesen Krieg und wird euch in unsere Gewalt geben.«

Als Goliat sich in Bewegung setzte und auf David losstürzen wollte, lief auch David ihm entgegen. Im Laufen nahm er einen Stein aus seiner Tasche, legte ihn in die Steinschleuder und schleuderte ihn mit aller Wucht gegen den Feind. Der Stein traf Goliat am Kopf und bohrte sich tief in seine Stirn. Sofort fiel der Riese zu Boden auf sein Gesicht. So überwältigte David den mächtigen Philister mit einer einfachen Steinschleuder und einem Kieselstein. Da er kein eigenes Schwert hatte, lief er schnell zu dem Riesen, zog dessen Schwert aus der Scheide und schlug ihm den Kopf ab. Als die Philister sahen, dass ihr stärkster Mann tot war, ergriffen sie die Flucht.

Das 1. Buch der Könige

Nach Davids Tod übernimmt sein Sohn Salomo die Thronfolge. Er wird bekannt für seine Weisheit und die Pracht seiner Hofhaltung. Allmählich jedoch zeichnete sich der Niedergang der Monarchie ab. Das Land wird geteilt, es entstehen das Nordreich Israel und das Südreich Juda.

In der Folge wechseln sich gute und schlechte Zeiten ab: Es gibt gute Könige, jedoch mehr schlechte; auch die schlechten Zeiten überwiegen, Israel verlässt mehr und mehr den Glauben an Gott und passt sich den Sitten und religiösen Bräuchen der Nachbarvölker an. Die großen Propheten Israels bilden oft einen Gegenpol zur Regierungselite und zum Königshaus. Elia, der erste und bedeutendste dieser Prophetengestalten, muss um sein Leben fürchten und fliehen, weil er sich den Zorn der berüchtigten Königin Isebel zugezogen hatte. Die folgende Geschichte berichtet von seiner Gottesbegegnung auf dem heiligen Berg Sinai.

Gott erscheint dem Elia

1. Könige 19,8-13

Schließlich erreichte Elia den Berg Gottes, den Horeb. Dort ging er in eine Höhle, um darin zu übernachten.

Plötzlich sprach der Herr zu ihm: »Elia, was tust du hier?«

Elia antwortete: »Ach Herr, du großer und allmächtiger Gott, mit welchem Eifer habe ich versucht, die Israeliten zu dir zurückzubringen! Denn sie haben den Bund mit dir gebrochen, deine Altäre niedergerissen und deine Propheten ermordet. Nur ich bin übrig geblieben, ich allein. Und nun trachten sie auch mir nach dem Leben!«

Da antwortete ihm der Herr: »Komm aus deiner Höhle heraus, und tritt vor mich hin! Denn ich will an dir vorübergehen.« Auf einmal zog ein heftiger Sturm herauf, riss ganze Felsbrocken aus den Bergen heraus und zerschmetterte sie. Doch der Herr war nicht in dem Sturm. Als Nächstes bebte die Erde, aber auch im Erdbeben war der Herr nicht.

Dann kam ein Feuer, doch der Herr war nicht darin. Danach hörte Elia ein leises Säuseln.

Er verhüllte sein Gesicht mit dem Mantel, ging zum Eingang der Höhle zurück und blieb dort stehen. Und noch einmal wurde er gefragt:

»Elia, was tust du hier?«

Das Buch Hiob beginnt mit einer Serie von Schicksalsschlägen, die über den frommen und untadeligen Hiob hereinbrechen – er verliert alle seine Kinder, seine Herden und das Kleinvieh sowie seinen gesamten Besitz. Eine schwere Krankheit sucht ihn heim. Hiob, der Gerechte, verflucht den Tag seiner Geburt.

Der Großteil des Buches zeichnet das Gespräch nach, das Hiob mit seinen drei Freunden führt, die ihn trösten wollen und mit ihm nach einem Grund für sein Unglück suchen. Sie suchen eine Antwort auf die große Frage: »Warum muss der Unschuldige leiden?« Die Argumentation geht hin und her, bis Hiob schließlich erkennt, dass die Antwort für den menschlichen Verstand nicht zugänglich ist, sie liegt allein verborgen in der unermesslichen Weisheit Gottes.

Der Textauszug gibt uns Einblick in den Moment dieser Erkenntnis.

Hiob antwortet Gott
Hiob 42,1-6

Da antwortete Hiob:

»Herr, ich erkenne, dass du alles zu tun vermagst; nichts und niemand kann deinen Plan vereiteln. Du hast gefragt: ›Wer bist du, dass du meine Weisheit anzweifelst mit Worten ohne Verstand?‹ Ja, es ist wahr: Ich habe von Dingen

geredet, die ich nicht begreife, sie sind zu hoch
für mich und übersteigen meinen Verstand.

Du hast gesagt: ›Hör mir zu, jetzt rede ich, ich
will dich fragen, und du sollst mir antworten!‹

Herr, ich kannte dich nur vom Hörensagen,
jetzt aber habe ich dich mit eigenen Augen gesehen! Darum widerrufe ich meine Worte, ich
bereue in Staub und Asche!«

Die Psalmen

Die Psalmen sind das Gesangbuch Israels. Sie wurden
als Lieder für den Gottesdienst verfasst. Viele Psalmen
werden König David zugeschrieben. Sie decken eine
große Palette von Emotionen, Bedürfnissen und Um-
ständen ab. Die drei ausgewählten Beispiele sind ge-
eignet, etwas von der poetischen Kraft, gestalterischen
Breite und der Tiefe der geistlichen Erkenntnis aufschei-
nen zu lassen, die die Dichtung Israels auszeichnet.

Der gute Hirte
Psalm 23

Der Herr ist mein Hirte. Nichts wird mir fehlen.
Er weidet mich auf saftigen Wiesen
  und führt mich zu frischen Quellen.
Er gibt mir neue Kraft. Er leitet mich
  auf sicheren Wegen, weil er der gute Hirte ist.

Und geht es auch durch dunkle Täler,
    fürchte ich mich nicht, denn du, Herr,
    bist bei mir.
Du beschützt mich mit deinem Hirtenstab.
Du lädst mich ein und deckst mir den Tisch
    vor den Augen meiner Feinde.
Du begrüßt mich wie ein Hausherr seinen Gast
    und gibst mir mehr als genug.
Deine Güte und Liebe werden mich begleiten
    mein Leben lang; in deinem Haus darf ich
    für immer bleiben.

Unterwegs unter Gottes Schutz
Psalm 121

Ich schaue hinauf zu den Bergen –
    woher kann ich Hilfe erwarten?
Meine Hilfe kommt vom Herrn,
    der Himmel und Erde gemacht hat!
Der Herr wird nicht zulassen, dass du fällst;
    er, dein Beschützer, schläft nicht.
Ja, der Beschützer Israels
    schläft und schlummert nicht.
Der Herr gibt auf dich acht; er steht dir zur Seite
    und bietet dir Schutz vor drohenden Gefah-
    ren.
Tagsüber wird dich die Sonnenglut nicht
    verbrennen, und in der Nacht wird der Mond
    dir nicht schaden.

Der Herr schützt dich vor allem Unheil,
    er bewahrt dein Leben.
Er gibt auf dich acht, wenn du aus dem Hause
    gehst und wenn du wieder heimkehrst.
Jetzt und für immer steht er dir bei!

Herr, du durchschaust mich!

Psalm 139,1–14

Ein Lied Davids.
Herr, du durchschaust mich,
    du kennst mich durch und durch.
Ob ich sitze oder stehe – du weißt es,
    aus der Ferne erkennst du, was ich denke.
Ob ich gehe oder liege – du siehst mich,
    mein ganzes Leben ist dir vertraut.
Schon bevor ich rede, weißt du,
    was ich sagen will.
Von allen Seiten umgibst du mich
    und hältst deine schützende Hand über mir.
Dass du mich so genau kennst –
    unbegreiflich ist das, zu hoch,
    ein unergründliches Geheimnis!
Wie könnte ich mich dir entziehen;
    wohin könnte ich fliehen,
    ohne dass du mich siehst?
Stiege ich in den Himmel hinauf – du bist da!
    Wollte ich mich im Totenreich verbergen –
    auch dort bist du!

Eilte ich dorthin, wo die Sonne aufgeht,
　　oder versteckte ich mich im äußersten
　　Westen, wo sie untergeht,
　　dann würdest du auch dort mich führen
　　und nicht mehr loslassen.
Wünschte ich mir: »Völlige Dunkelheit soll
　　mich umhüllen, das Licht um mich her soll
　　zur Nacht werden!« –
für dich ist auch das Dunkel nicht finster;
　　die Nacht scheint so hell wie der Tag
　　und die Finsternis so strahlend wie das Licht.
Du hast mich geschaffen – meinen Körper und
　　meine Seele, im Leib meiner Mutter hast du
　　mich gebildet.
Herr, ich danke dir dafür, dass du mich so
　　wunderbar und einzigartig gemacht hast!
Großartig ist alles, was du geschaffen hast –
　　das erkenne ich!

Der Prediger Salomo

Hinter dieser Bezeichnung verbirgt sich ein Buch der
Lebensweisheit (stellenweise mutet sie etwas lebens-
überdrüssig an!) – von einem unbekannten Verfasser.
Die ausgewählten Textauszüge gehören zu den be-
kanntesten Passagen dieses biblischen Buches. Der
erste (zum Thema »Zeit«) wurde in den 60er-Jahren
Thema eines Popsongs, der zweite ist eine anschau-
liche Darstellung des Älterwerdens!

Alles hat seine Zeit

Prediger 3,1–15

Jedes Ereignis, alles auf der Welt hat seine Zeit:
Geborenwerden und Sterben,
  Pflanzen und Ausreißen,
  Töten und Heilen,
  Niederreißen und Aufbauen,
  Weinen und Lachen,
  Klagen und Tanzen,
  Steinewerfen und Steinesammeln,
  Umarmen und Loslassen,
  Suchen und Finden,
  Aufbewahren und Wegwerfen,
  Zerreißen und Zusammennähen,
  Reden und Schweigen,
  Lieben und Hassen,
  Krieg und Frieden.
Was also hat der Mensch davon, dass er sich
  abmüht?
Ich habe erkannt: Gott legt ihm diese Last auf,
  damit er schwer daran zu tragen hat.
  Für alles auf der Welt hat Gott schon vorher
  die rechte Zeit bestimmt.
In das Herz des Menschen hat er den Wunsch
  gelegt, nach dem zu fragen, was ewig ist.
  Aber der Mensch kann Gottes Werke nie voll
  und ganz begreifen.
So kam ich zu dem Schluss, dass es für den
  Menschen nichts Besseres gibt, als sich zu

freuen und das Leben zu genießen. Wenn er
zu essen und zu trinken hat und sich über
die Früchte seiner Arbeit freuen kann, ist das
allein Gottes Geschenk.

Ich begriff, dass Gottes Werk für immer
bestehen wird. Niemand kann etwas hin-
zufügen oder wegnehmen. Damit bewirkt
Gott, dass die Menschen Ehrfurcht vor ihm
haben.

Was immer sich auch ereignet oder noch ereig-
nen wird – alles ist schon einmal da gewesen.
Gott lässt von Neuem geschehen, was in
Vergessenheit geriet.

Genieße deine Jugend!
Prediger 12,1-7

Denk schon als junger Mensch an deinen
Schöpfer, bevor die beschwerlichen Tage
kommen und die Jahre näher rücken,
in denen du keine Freude mehr am Leben
hast.

Dann wird selbst das Licht immer dunkler für
dich: Sonne, Mond und Sterne verfinstern
sich, und nach einem Regenschauer ziehen
die Wolken von Neuem auf.

Deine Hände, mit denen du dich schützen
konntest, zittern; deine starken Beine werden
schwach und krumm.

Die Zähne fallen dir aus, du kannst kaum noch kauen, und deine Augen werden trübe.

Deine Ohren können den Lärm auf der Straße nicht mehr wahrnehmen, und deine Stimme wird immer leiser.

Schon frühmorgens beim Zwitschern der Vögel wachst du auf, obwohl du ihren Gesang kaum noch hören kannst.

Du fürchtest dich vor jeder Steigung und hast Angst, wenn du unterwegs bist.

Dein Haar wird weiß, mühsam schleppst du dich durch den Tag, und deine Lebenslust schwindet.

Dann trägt man dich in deine ewige Wohnung, und deine Freunde laufen trauernd durch die Straßen.

Ja, koste das Leben aus, ehe es zu Ende geht – so wie eine silberne Schnur zerreißt oder eine goldene Schale zerspringt, so wie ein Krug bei der Quelle zerbricht oder das Schöpfrad in den Brunnen fällt und zerschellt.

Dann kehrt der Leib zur Erde zurück, aus der er genommen wurde; und der Lebensgeist geht wieder zu Gott, der ihn gegeben hat.

Das Lied von der Liebe (Das Hohelied)

Das Hohelied der Liebe ist ein Buch voller Liebeslieder, ein jubelnder Lobpreis auf das Wunder und die Schönheit der sexuellen Liebe. Niemand, der dieses Lied je gelesen hat, wird weiterhin glauben können, dass die Bibel der körperlichen Liebe kritisch gegenübersteht. Hier ein kleiner Vorgeschmack.

Liebeslied
Hohelied 2,10-14

Er sagt zu mir: »Steh auf, meine Freundin,
    meine Schöne, und komm!
Die Regenzeit liegt hinter uns, der Winter ist
    vorbei!
Die Blumen beginnen zu blühen, die Vögel
    zwitschern, und überall im Land hört man
    die Turteltaube gurren.
Die ersten Feigen werden reif, die Reben blühen
    und verströmen ihren Duft.
Steh auf, meine Freundin, meine Schöne,
    und komm!
Versteck dich nicht wie eine Taube im Felsspalt!
    Zeig mir dein schönes Gesicht, und lass mich
    deine wunderbare Stimme hören!«

Jesaja lebt im 8. Jahrhundert vor unserer Zeitrechnung – zu der Zeit, als Assyrien die herrschende Weltmacht ist. Er warnt die Könige von Juda vor den Gefahren politischer Allianzen und religiöser Kompromisse. Seine Warnungen zeigen Wirkung – bis zu dem Zeitpunkt, als die neue Macht Babylon 587 v. Chr. das Südreich Juda erobert und einen Großteil der Bevölkerung in die Gefangenschaft führt.

Der zweite Teil des Buches (Kapitel 40 bis 66) wendet sich mit einer hoffnungsvollen Botschaft an diese aus Israel nach Babylonien Verschleppten. Gott hat sie nicht vergessen!

Zahlreiche Prophezeiungen von Jesaja werden von Christen als Hinweise auf den verheißenen Messias, auf Jesus, verstanden.

Der erste Textauszug beschreibt Jesajas Erfahrung seiner Berufung zum Propheten. Die weiteren Texte spiegeln vor allem die Hoffnungsbotschaft dieses Propheten für sein Volk.

Gott beruft Jesaja zum Propheten
Jesaja 6,1-8

Es war in dem Jahr, als König Usija starb. Da sah ich den Herrn auf einem hohen, gewaltigen Thron sitzen. Der Saum seines Gewandes füllte den ganzen Tempel aus. Er war umgeben von mächtigen Engeln, jeder von ihnen hatte sechs Flügel. Mit zwei Flügeln bedeckten sie ihr Gesicht, mit zweien ihren Leib, und zwei brauchten sie zum Fliegen. Sie riefen einander zu: »Heilig, heilig, heilig ist der Herr, der allmächtige Gott! Seine Herrlichkeit erfüllt die ganze Welt.« Ihre Stimme ließ die Fundamente des Tempels erbeben, und das ganze Heiligtum war voller Rauch. Entsetzt rief ich: »Ich bin verloren! Denn ich bin ein Sünder und gehöre zu einem Volk von Sündern. Mit jedem Wort, das über unsere Lippen kommt, machen wir uns schuldig! Und nun habe ich den Herrn gesehen, den allmächtigen Gott und König!«

Da flog einer der Engel zu mir mit einer glühenden Kohle in der Hand, die er mit der Zange vom Altar geholt hatte. Er berührte damit meinen Mund und sagte: »Die glühende Kohle hat deine Lippen berührt. Deine Schuld ist jetzt weggenommen, dir sind deine Sünden vergeben.« Danach hörte ich den Herrn fragen: »Wen soll ich als Boten zu meinem Volk senden? Wer ist bereit zu gehen?« Ich antwortete: »Ich bin bereit, sende mich!«

Die dunkle Zeit wird ein Ende haben
Jesaja 9,1-6

Das Volk, das im Finstern lebt, sieht ein großes
    Licht; hell strahlt es auf über denen, die ohne
    Hoffnung sind.
Du, Herr, machst Israel wieder zu einem großen
    Volk und schenkst ihnen überströmende
    Freude.
Sie sind fröhlich wie nach einer reichen Ernte;
    sie jubeln wie nach einem Sieg, wenn die
    Beute verteilt wird.
So wie du Israel damals aus der Gewalt der
    Midianiter errettet hast, so befreist du sie
    dann von der schweren Last der Fremd-
    herrschaft. Du zerbrichst die Peitsche, mit der
    sie zur Zwangsarbeit getrieben werden.
Die Soldatenstiefel, die beim Marschieren so
    laut dröhnen, und all die blutverschmierten
    Kampfgewänder werden ins Feuer geworfen
    und verbrannt.
Denn uns ist ein Kind geboren! Ein Sohn ist
    uns geschenkt! Er wird die Herrschaft über-
    nehmen.
Man nennt ihn »Wunderbarer Ratgeber«,
    »Starker Gott«, »Ewiger Vater«, »Friedens-
    fürst«.
Er wird seine Herrschaft weit ausdehnen
    und dauerhaften Frieden bringen.
Wie sein Vorfahre David herrscht er über das

Reich, festigt und stützt es, denn er regiert bis
in alle Ewigkeit mit Recht und Gerechtigkeit.
Der Herr, der allmächtige Gott, sorgt dafür,
er verfolgt beharrlich sein Ziel.

Das Friedensreich des Messias
Jesaja 11,1-10

Was von Davids Königshaus noch übrig bleibt,
gleicht einem alten Baumstumpf.
Doch er wird zu neuem Leben erwachen:
Ein junger Trieb sprießt aus seinen Wurzeln
hervor.
Der Geist des Herrn wird auf ihm ruhen,
ein Geist der Weisheit und der Einsicht,
ein Geist des Rates und der Kraft,
ein Geist der Erkenntnis und der Ehrfurcht
vor dem Herrn.
Dieser Mann wird den Herrn von ganzem Herzen achten und ehren.
Er richtet nicht nach dem Augenschein und fällt
seine Urteile nicht nach dem Hörensagen.
Unbestechlich verhilft er den Armen zu ihrem
Recht und setzt sich für die Rechtlosen im
Land ein.
Sein Urteilsspruch wird die Erde treffen;
ein Wort von ihm genügt, um die Gottlosen
zu töten. Gerechtigkeit und Treue werden
sein ganzes Handeln bestimmen.

Dann werden Wolf und Lamm friedlich bei-
einander wohnen, der Leopard wird beim
Ziegenböckchen liegen.
Kälber, Rinder und junge Löwen weiden zusam-
men, ein kleiner Junge kann sie hüten.
Kuh und Bärin teilen die gleiche Weide,
und ihre Jungen liegen beieinander.
Der Löwe frisst Heu wie ein Rind.
Ein Säugling spielt beim Schlupfloch der Viper,
ein Kind greift in die Höhle der Otter.
Auf dem ganzen heiligen Berg wird niemand
etwas Böses tun und Schaden anrichten.
Alle Menschen kennen den Herrn, das Wissen
um ihn erfüllt das Land wie Wasser das
Meer.
In dieser Zeit ist der Trieb, der aus der Wurzel
Davids hervorsprießt, als Zeichen für alle
Völker sichtbar.
Sie werden nach ihm fragen, und der Ort, an
dem er wohnt, wird herrlich sein.

Gott befreit sein Volk aus der Gefangenschaft

Jesaja 35,5-7

Dann bekommen die Blinden ihr Augenlicht
wieder, und die Tauben können hören.
Gelähmte springen wie ein Hirsch,
und Stumme singen aus voller Kehle.

In der Wüste brechen Quellen hervor,
Bäche fließen durch die öde Steppe.
Teiche entstehen, wo vorher heißer Wüstensand
war.
In der dürren Landschaft sprudelt Wasser aus
dem Boden.
Wo heute noch Schakale lagern,
wachsen dann Gras, Binsen und Schilf.

Gott bahnt einen Weg durch die Wüste

Jesaja 35,8-10

Eine Straße wird es dort geben,
die man »Heilige Straße« nennt.
Kein unreiner Mensch wird sie betreten,
sie ist nur für das Volk des Herrn bestimmt.
Wer auf dieser Straße reist, kann sich nicht
verirren, auch wenn er sich nicht auskennt.
Kein Löwe liegt auf der Lauer, auch andere
Raubtiere gibt es dort nicht.
Nur die erlösten Menschen betreten diese
Straße.
Alle, die der Herr befreit hat, kehren jubelnd
aus der Gefangenschaft zum Berg Zion
zurück.
Von Freude ergriffen, jubelnd vor Glück, kom-
men sie heim.
Trauer und Sorge sind für immer vorbei.

Trost für Gottes Volk

Jesaja 40,1-5

So spricht euer Gott: »Tröstet, ja, tröstet mein
    Volk!
Ermutigt die Einwohner Jerusalems!
Ruft ihnen zu: Nun habt ihr genug gelitten!
Die schreckliche Zeit ist vorbei!
Der Herr hat euch ohne Mitleid für eure
    Sünden bestraft.
Eure Schuld ist beglichen.«
Hört! Jemand ruft: »Bahnt dem Herrn einen
    Weg durch die Wüste!
Baut eine Straße durch die Steppe für unseren
    Gott!
Jedes Tal soll aufgefüllt, jeder Berg und Hügel
    abgetragen werden.
Alles Unebene soll eben werden und alles
    Hügelige flach.
Denn der Herr wird kommen in seiner Macht
    und Hoheit.
Alle Menschen werden ihn sehen.
Er selbst hat es angekündigt.«

Der Bote Gottes
Jesaja 52,13-15

So spricht der Herr: »Mein Bote wird seine Aufgabe erfüllen. Er wird eine überragende Stellung erlangen und hochgeehrt sein. Viele waren entsetzt, als sie ihn sahen. Denn in der Tat: Er war völlig entstellt und kaum mehr als Mensch zu erkennen. Dann aber werden viele Völker über ihn staunen, sprachlos werden die Könige dastehen. Gerade die sollen ihn sehen, denen er nicht angekündigt war, und die noch nichts von ihm gehört haben, werden ihn begreifen!«

Der Schmerzensmann
Jesaja 53,1-10

Doch wer glaubt schon unserer Botschaft? Wer erkennt, dass Gott es ist, der diese mächtigen Taten vollbringt? Der Herr ließ seinen Boten emporwachsen wie einen jungen Trieb aus trockenem Boden. Er war weder stattlich noch schön. Nein, wir fanden ihn unansehnlich, er gefiel uns nicht! Er wurde verachtet, von allen gemieden. Von Krankheit und Schmerzen war er gezeichnet. Man konnte seinen Anblick kaum ertragen. Wir wollten nichts von ihm wissen, ja, wir haben ihn sogar verachtet.

Dabei war es unsere Krankheit, die er auf sich

nahm; er erlitt die Schmerzen, die wir hätten ertragen müssen. Wir aber dachten, diese Leiden seien Gottes gerechte Strafe für ihn. Wir glaubten, dass Gott ihn schlug und leiden ließ, weil er es verdient hatte. Doch er wurde blutig geschlagen, weil wir Gott die Treue gebrochen hatten; wegen unserer Sünden wurde er durchbohrt. Er wurde für uns bestraft – und wir? Wir haben nun Frieden mit Gott! Durch seine Wunden sind wir geheilt.

Wir alle irrten umher wie Schafe, die sich verlaufen haben; jeder ging seinen eigenen Weg. Der Herr aber lud alle unsere Schuld auf ihn. Er wurde misshandelt, aber er duldete es ohne ein Wort. Er war stumm wie ein Lamm, das man zur Schlachtung führt. Und wie ein Schaf, das sich nicht wehrt, wenn es geschoren wird, hat er alles widerspruchslos ertragen. Man hörte von ihm keine Klage. Er wurde verhaftet, zum Tode verurteilt und grausam hingerichtet. Niemand glaubte, dass er noch eine Zukunft haben würde. Man hat sein Leben auf dieser Erde ausgelöscht. Wegen der Sünden meines Volkes wurde er zu Tode gequält! Man begrub ihn bei Gottlosen, im Grab eines reichen Mannes, obwohl er sein Leben lang kein Unrecht getan hatte. Nie kam ein betrügerisches Wort über seine Lippen.

Doch es war der Wille des Herrn: Er musste leiden und blutig geschlagen werden. Wenn er mit seinem Leben für die Schuld der anderen bezahlt hat, wird er Nachkommen haben. Er wird weiterleben und den Plan des Herrn ausführen. Wenn er dieses schwere Leid durchgestanden hat, sieht er wieder das Licht und wird für sein Leiden belohnt. Der Herr sagt: »Mein Bote kennt meinen Willen, er ist schuldlos und gerecht. Aber er lässt sich für die Sünden vieler bestrafen, um sie von ihrer Schuld zu befreien. Deshalb gebe ich ihm die Ehre, die sonst nur mächtige Herrscher erhalten. Mit großen Königen wird er sich die Beute teilen. So wird er belohnt, weil er den Tod auf sich nahm und zu den Verbrechern gezählt wurde. Doch er hat viele von ihren Sünden erlöst, denn er ließ sich für ihre Verbrechen bestrafen.«

Der Prophet Hesekiel

Hesekiel tritt im 6. Jahrhundert v. Chr. als Prophet in Israel auf.

Ebenso wie Jesaja warnt er vor heraufziehenden Katastrophen. Auch in seiner Botschaft schwingt immer die Hoffnung mit, dass Gott am Ende sein Volk retten wird. Hier folgen zwei der eindrucksvollsten und einprägsamsten Texte des ganzen Buches – als Erstes die außergewöhnliche Vision der Herrlichkeit Gottes; als Zweites die bekannte Vision eines Feldes voller Totengebeine, in die wieder Leben kommt.

Eine Vision der Herrlichkeit Gottes
Hesekiel 1,4-28

Ich sah von Norden einen Sturm heranbrausen, der eine große Wolke vor sich hertrieb. Blitze schossen aus ihr hervor, und ein heller Glanz umgab sie. Dann öffnete sich die Wolke, und aus ihrem Inneren strahlte ein Licht wie glänzendes Gold.

In dem Licht erschienen vier lebendige Wesen, die wie Menschen aussahen. Doch jedes von ihnen hatte vier Gesichter und vier Flügel. Ihre Beine waren gerade wie die eines Menschen, aber statt der Füße hatten sie die Hufe eines Stieres, die wie polierte Bronze glänzten.

Jede Gestalt besaß vier Hände, je eine Hand unter jedem Flügel. Mit ihren Flügeln berührten die Gestalten einander. Beim Gehen brauchten sie sich nie umzudrehen, denn in jede Richtung blickte eines ihrer Gesichter.

Jedes sah anders aus: Vorne war das Gesicht eines Menschen, rechts das eines Löwen, links das eines Stieres und hinten das eines Adlers. Zwei ihrer Flügel hatten sie nach oben ausgespannt, und ihre Spitzen berührten die der anderen Gestalten. Mit den anderen zwei Flügeln bedeckten sie ihren Leib. Sie gingen, wohin Gottes Geist sie trieb; sie brauchten sich nie umzudrehen, denn in jede Richtung blickte eines ihrer Gesichter.

Zwischen den Gestalten bemerkte ich etwas, das wie glühende Kohlen aussah und wie Fackeln, die sich hin- und herbewegten. Das Feuer leuchtete, und Blitze schossen aus ihm. Die Gestalten liefen so schnell umher, dass sie selbst zuckenden Blitzen glichen.

Als ich sie genauer betrachtete, entdeckte ich vier Räder auf dem Boden – eines vor jeder Gestalt. Sie schienen aus Edelsteinen zu bestehen. Alle vier waren gleich gebaut; mitten in jedes Rad war ein zweites im rechten Winkel eingefügt, und so konnten sie in jede beliebige Richtung laufen, ohne zu wenden. Die Felgen der Räder waren sehr groß und ringsum mit Augen bedeckt.

Wenn die vier Gestalten gingen, dann liefen auch die Räder mit; und wenn die Gestalten sich von der Erde erhoben, dann hoben sich auch die Räder. Sie gingen, wohin Gottes Geist sie trieb, und die Räder bewegten sich mit ihnen, denn die Lebewesen hatten Macht über sie.

Wenn die Gestalten sich bewegten, dann liefen auch die Räder; blieben die Gestalten stehen, standen auch die Räder still. Erhoben sich die Lebewesen, dann hoben sich auch die Räder mit ihnen, denn die Lebewesen lenkten sie, wohin sie wollten.

Über den Köpfen der Gestalten entdeckte ich etwas, das aussah wie ein Gewölbe aus leuchtendem Kristall, und ich erschrak bei seinem

Anblick. Jedes der Lebewesen darunter hatte zwei seiner Flügel zu der Gestalt neben sich ausgestreckt; mit den beiden anderen Flügeln bedeckte es seinen Leib.

Wenn die vier sich bewegten, rauschten ihre Flügel wie das Brausen gewaltiger Wassermassen, wie die Stimme des allmächtigen Gottes. Es war so laut wie die Rufe einer großen Menschenmenge, wie der Lärm in einem Heerlager. Wenn sie stillstanden, ließen sie ihre Flügel herabhängen. Plötzlich hörte ich eine Stimme aus dem Gewölbe über ihnen, da blieben sie stehen und senkten ihre Flügel.

Oberhalb des Gewölbes über ihren Köpfen bemerkte ich einen Thron aus Saphir. Darauf saß eine Gestalt, die einem Menschen glich.

Von der Hüfte an aufwärts schimmerte sein Leib wie Gold in einem Feuerkranz; unterhalb der Hüfte sah er aus wie ein Feuer, umgeben von hellem Lichtglanz.

In dem Licht konnte ich alle Farben des Regenbogens entdecken. Es war die Erscheinung Gottes in seiner Herrlichkeit. Bei ihrem Anblick fiel ich nieder und berührte mit meinem Gesicht den Boden. Dann hörte ich eine Stimme.

Das Tal voller Totengebeine

Hesekiel 37,1–14

Der Herr legte seine Hand auf mich, und sein Geist hob mich empor und brachte mich in ein weites Tal, das mit Totengebeinen übersät war. Dann führte er mich durch die ganze Ebene, und ich sah dort unzählige Knochen verstreut liegen. Sie waren völlig vertrocknet.

Der Herr fragte mich: »Sterblicher Mensch, können diese Gebeine je wieder lebendig werden?«

Ich antwortete: »Herr, mein Gott, das weißt du allein!«

Da sagte er zu mir: »Sprich zu diesen dürren Knochen, und fordere sie auf: Hört, was der Herr euch sagt: Ich erfülle euch mit meinem Geist und mache euch wieder lebendig! Ich lasse Sehnen und Fleisch um euch wachsen und überziehe euch mit Haut. Meinen Atem hauche ich euch ein, damit ihr wieder lebendig werdet. Dann erkennt ihr, dass ich der Herr bin.«

Ich tat, was der Herr mir befohlen hatte. Noch während ich redete, hörte ich ein lautes Geräusch und sah, wie die Knochen zusammenrückten, jeder an seine Stelle. Sehnen und Fleisch wuchsen um sie herum, und darüber bildete sich Haut. Aber noch war kein Leben in den Körpern.

Da sprach der Herr zu mir: »Sterblicher Mensch, ruf den Lebensgeist, und befiehl ihm, was ich dir sage. Er soll aus den vier Himmelsrichtungen kommen und diese toten Menschen anhauchen, damit sie wieder zum Leben erwachen!«

Ich tat, was der Herr mir befohlen hatte. Da erfüllte der Lebensgeist die toten Körper, sie wurden lebendig und standen auf. Sie waren zahlreich wie ein unüberschaubares Heer.

Der Herr sprach zu mir: »Sterblicher Mensch, die Israeliten gleichen diesen verdorrten Gebeinen. Sie klagen: ›Wir sind völlig ausgezehrt und haben keine Hoffnung mehr, uns bleibt nur der Tod!‹ Darum sag ihnen: Hört die Botschaft des Herrn! Ich, der Herr, öffne eure Gräber und hole euch heraus, denn ihr seid mein Volk. Wenn ich euch wieder lebendig mache, werdet ihr erkennen, dass ich der Herr bin. Ich erfülle euch mit meinem Geist, schenke euch noch einmal das Leben und lasse euch wieder in eurem Land wohnen. Ihr werdet sehen, dass ich meine Versprechen halte. Mein Wort gilt!«

Der Prophet Jona

Die meisten Menschen denken bei Jona an Jona im Bauch des großen Fisches. Aber eigentlich geht es in diesem kurzen Buch um den Aufruf zur Umkehr und zum Gehorsam gegenüber Gottes Willen. Jona wehrt sich gegen den Auftrag, in die Stadt Ninive zu gehen, um dort die Menschen zur Umkehr aufzurufen (was zu einigen turbulenten Ereignissen führt, darunter dem, dass er von einem großen Fisch verschluckt wird). Schließlich führt er seinen Auftrag doch aus, aber als die Leute auf seine Predigt hin tatsächlich ihr Leben ändern und Gott sein angekündigtes Gericht nicht vollzieht, wird Jona zornig. In dem Textausschnitt erteilt Gott seinem schmollenden Propheten eine Lektion darüber, was Gott am Herzen liegt.

Gottes Güte geht Jona zu weit
Jona 3,10 – 4,11

Gott sah, dass die Menschen von ihren falschen Wegen umkehrten. Da ließ er das angedrohte Unheil nicht über sie hereinbrechen.

Jona aber ärgerte sich sehr darüber, voller Zorn betete er: »Ach Herr, habe ich das nicht gleich geahnt, als ich noch zu Hause war? Darum wollte ich ja auch so rasch wie möglich nach Tarsis fliehen! Ich wusste es doch: Du bist ein gnädiger und barmherziger Gott. Deine Geduld ist groß, deine Liebe kennt kein Ende. Du lässt dich umstimmen und strafst dann doch nicht. Herr, lass mich sterben, das ist besser als weiterzuleben!«

Aber der Herr erwiderte: »Ist es recht von dir, so wütend zu sein?«

Jona verließ Ninive. Östlich der Stadt machte er sich ein Laubdach und setzte sich in dessen

Schatten nieder. Er wollte beobachten, was mit der Stadt geschehen würde.

Da ließ der Herr eine Rizinusstaude über Jona emporwachsen. Sie sollte ihm noch mehr Schatten geben und seinen Missmut vertreiben. Jona freute sich sehr über die Pflanze. Doch am nächsten Morgen kurz vor Sonnenaufgang ließ Gott einen Wurm die Wurzeln des Rizinus zerfressen, und die Staude wurde welk und dürr.

Als die Sonne aufging, schickte Gott einen glühend heißen Ostwind. Die Sonne brannte Jona so auf den Kopf, dass er erschöpft zusammenbrach. Er wünschte sich zu sterben und seufzte: »Tot sein ist besser als weiterleben!«

Da fragte ihn Gott: »Ist es recht von dir, wegen dieser Rizinusstaude so zornig zu sein?« Jona antwortete: »Mit vollem Recht bin ich wütend, am liebsten wäre ich tot!«

Der Herr erwiderte: »Du hast dich mit dieser Staude keinen Augenblick abmühen müssen, nichts brauchtest du für sie zu tun. In einer Nacht ist sie gewachsen, und in der nächsten ging sie zugrunde. Trotzdem hättest du sie gerne verschont.

Ich aber sollte Ninive nicht verschonen, diese große Stadt, in der mehr als 120.000 Menschen leben, die Gut und Böse nicht unterscheiden können, und dazu noch so viele Tiere?«

Der Prophet Daniel

Daniel ist einer der Juden, die aus Israel in die Gefangenschaft nach Babylon verschleppt worden sind. Auch im Exil hält er am regelmäßigen Gebet zu seinem Gott fest. Dies widerspricht jedoch einer Anordnung des Königs, und einige einflussreiche Männer, die Daniel aus dem Weg schaffen wollen, melden die Übertretung dem König. Der sieht sich daraufhin gezwungen, seine Anordnung durchzusetzen und Daniel den Löwen vorzuwerfen.

Daniel in der Löwengrube
Daniel 6,16-23

Da kamen die Männer wieder zum König gelaufen und erinnerten ihn noch einmal daran, dass nach dem Gesetz der Meder und Perser kein königlicher Erlass abgeändert werden dürfe.

Darius befahl schließlich, Daniel zu verhaften und in die Löwengrube zu werfen. Er sagte zu Daniel: »Dein Gott, dem du so treu dienst, möge dich retten!«

Dann wurde ein Stein auf die Öffnung der Grube gewälzt. Der König versiegelte ihn mit seinem Siegelring, und die führenden Männer taten dasselbe, damit niemand mehr Daniel herausholen konnte. Danach zog sich Darius in seinen Palast zurück. Er fastete die ganze Nacht, verzichtete auf jede Unterhaltung und konnte nicht schlafen.

Im Morgengrauen stand er auf und lief schnell zur Löwengrube. Schon von Weitem rief er ängstlich: »Daniel, du Diener des lebendigen Gottes! Hat dein Gott, dem du unaufhörlich dienst, dich vor den Löwen retten können?«

Da hörte er Daniel antworten: »Lang lebe der König! Mein Gott hat seinen Engel gesandt. Er hat den Rachen der Löwen verschlossen, darum konnten sie mir nichts anhaben. Denn Gott weiß, dass ich unschuldig bin, und auch dir gegenüber, mein König, habe ich kein Unrecht begangen.«

Der Prophet Amos

Amos wirkt im 8. Jahrhundert v. Chr. als Prophet in Israel. Er kritisiert im Auftrag Gottes vor allem die sozialen Missstände im Land, in dem wenige Reiche sich auf Kosten der Armen ein Luxusleben leisten. Amos verkündet ein hartes Gericht. Davon redet der erste Text. Aber auch Amos malt ein leuchtendes Bild einer Zukunft für den Fall, dass seine Hörer ihr Leben ändern und zum Willen Gottes zurückkehren.

Keine Rettung für Samaria

Amos 3,9-15

»Sagt den Mächtigen in den Palästen von Asch-dod und Ägypten: Versammelt euch auf den Bergen rings um Samaria und schaut euch an, wie es in dieser Stadt zugeht! Dort herrschen un-erträgliche Missstände: Die Schwachen werden unterdrückt, und niemand übt Gerechtigkeit. Die führenden Männer schrecken vor keiner Gewalttat zurück, um fremde Güter an sich zu reißen. Damit füllen sie dann ihre Paläste.

Darum sage ich, der Herr, zu den Einwohnern Samarias: Die Feinde werden das Land überfallen und euch von allen Seiten belagern. Sie reißen eure Bollwerke nieder und plündern eure schö-nen Häuser aus. Ja, ich versichere euch: Auf Ret-tung könnt ihr nicht hoffen. Oder hat ein Hirte etwa sein Schaf gerettet, wenn er gerade noch zwei Schenkelknochen und einen Zipfel von seinem Ohr aus dem Rachen eines Löwen zieht? Genauso wenig wird von euch Israeliten übrig bleiben, die ihr in Samaria auf euren Polstern sitzt und euch auf Betten mit feinen Damast-bezügen rekelt!

Ich, der Herr, der allmächtige Gott, sage zu den anderen Völkern: Tretet als Zeugen gegen die Nachkommen Jakobs auf! An dem Tag, an dem ich die Israeliten zur Rechenschaft ziehe, zerstöre ich auch die Altäre im Heiligtum von

Bethel. Ihre Hörner werden abgeschlagen und fallen zu Boden. Die herrlichen Sommer- und Winterhäuser verwandle ich in Trümmerhaufen; die elfenbeinverzierten Paläste reiße ich nieder, ja, alle Häuser lasse ich vom Erdboden verschwinden! Mein Wort gilt!«

Neue Hoffnung für Israel
Amos 9,13-15

»Es kommt die Zeit, da wird es eine sehr reiche Ernte geben: Die Arbeiter mähen noch das Getreide ab, wenn der Bauer schon kommt, um den Acker wieder zu pflügen. Man tritt die Trauben noch in der Kelter, obwohl die Zeit der Aussaat schon wieder begonnen hat. Ja, es wird so viele Trauben geben, dass ihr Saft die Berge und Hügel herabfließt!

Ich werde das Schicksal meines Volkes wieder zum Guten wenden. Die Israeliten bauen die verwüsteten Städte wieder auf und wohnen darin, sie pflanzen Weinberge und trinken Wein, sie legen Gärten an und ernähren sich davon.

Ich werde sie wieder in ihr Land einpflanzen, und niemand kann sie mehr herausreißen. Denn dieses Land habe ich, der Herr, ihr Gott, ihnen gegeben. Mein Wort gilt!«

Der Prophet Micha

Micha – einer der sogenannten »Kleinen Propheten« – ist Zeitgenosse von Jesaja, und sein kurzes Buch nimmt viele Gedanken auf, die sich auch bei Jesaja finden. Drei kurze Auszüge aus seinem Buch kennzeichnen seine Botschaft. Der erste zeichnet das Bild einer goldenen Zukunft voll Frieden und Wohlstand – vielleicht eine der am häufigsten zitierten Stellen der Prophetie Israels. Der zweite Text prophezeit einen zukünftigen »Herrscher« für Israel, der aus der kleinen Stadt Bethlehem kommen soll – dieser Text wird von Matthäus in der Geburtsgeschichte Jesu aufgegriffen. Der dritte Auszug bringt die Gesamtbotschaft der Prophetie Israels auf den Punkt und beantwortet die Frage: Was erwartet Gott von uns?

Die Vision einer herrlichen Zukunft
Micha 4,1-5

Am Ende der Zeit wird der Berg, auf dem der Tempel des Herrn steht, alle anderen Berge und Hügel weit überragen. Menschen aller Nationen strömen dann herbei.

Viele Völker ziehen los und rufen einander zu: »Kommt, wir wollen auf den Berg des Herrn steigen, zum Tempel des Gottes Israels! Dort wird er uns sein Gesetz lehren, damit wir so leben, wie er es will!« Denn vom Berg Zion aus wird der

Herr seine Weisungen geben, in Jerusalem wird er der ganzen Welt seine Gebote verkünden.

Gott selbst schlichtet den Streit zwischen den Völkern, und den mächtigen Nationen in weiter Ferne spricht er Recht. Dann schmieden sie ihre Schwerter zu Pflugscharen um und ihre Speere zu Winzermessern. Kein Volk wird mehr das andere angreifen; niemand lernt mehr, Krieg zu führen.

Jeder kann ungestört unter seinem Feigenbaum und in seinem Weingarten sitzen, ohne dass ihn jemand aufschreckt. Das verspricht der Herr, der allmächtige Gott!

Jedes Volk dient seinem eigenen Gott, wir Israeliten aber gehören für immer dem Herrn, unserem Gott.

Eine Verheißung für Bethlehem
Micha 5,1

Aber zu Bethlehem im Gebiet der Sippe Efrat sagt der Herr: »Du bist zwar eine der kleinsten Städte Judas, doch aus dir kommt der Mann, der mein Volk Israel führen wird. Sein Ursprung liegt weit zurück, in fernster Vergangenheit.«

Was Gott fordert
Micha 6,6-8

Das Volk fragt: »Wie können wir dem Herrn, dem großen Gott, begegnen? Sollen wir einjährige Rinder als Opfer für ihn verbrennen, wenn wir ihn anbeten wollen?

Hat er Gefallen daran, wenn wir ihm Tausende von Schafböcken und ganze Ströme von Olivenöl darbringen? Oder sollen wir ihm sogar unsere ältesten Söhne opfern, um unsere Schuld wiedergutzumachen?«

Nein! Der Herr hat euch doch längst gesagt, was gut ist! Er fordert von euch nur eines: Haltet euch an das Recht, begegnet anderen mit Güte, und lebt in Ehrfurcht vor eurem Gott!

Der Prophet Maleachi

Maleachi – der Name bedeutet »Mein Bote« – lebt im 5. Jahrhundert v. Chr., vor der Zeit der Besetzung Israels durch die Griechen und später durch die Römer. Er ist die letzte prophetische Stimme des Alten Testaments. Maleachis Kritik richtet sich gegen Korruption in der Priesterschaft und die Vernachlässigung des Opferkultes und der Tempelsteuer. Er kündigt das Kommen eines »Boten Gottes« an – als plötzlich hereinbrechendes Gericht über die Abtrünnigen und als Beginn einer Segenszeit für alle, die Gott ehren.

Der verheißene Bote

Maleachi 3,1-4

Der Herr, der allmächtige Gott, antwortet: »Ich schicke meinen Boten voraus, der mein Kommen ankündigt und die Menschen darauf vorbereitet. Noch wartet ihr auf mich, den Herrn, ihr wünscht euch meinen Boten herbei, der meinen Bund mit euch bestätigt. Er ist schon unterwegs! Ganz plötzlich werde ich, der Herr, in meinen Tempel einziehen.

Doch wer kann mein Kommen ertragen? Wer kann vor mir bestehen? Ich werde für euch wie Feuer im Schmelzofen sein und wie scharfe Lauge im Waschtrog. So wie man Gold und Silber schmilzt, um es zu läutern, so werde ich die Nachkommen Levis* von ihrer Schuld reinigen. Dann werden sie mir wieder Opfer darbringen, die mir gefallen.

Ja, so wie früher, wie in längst vergangenen Zeiten, werde ich mich wieder über die Opfer freuen, die mir die Menschen in Juda und Jerusalem darbringen.«

* Nachkommen Levis = die Priesterschaft

Der Tag des Gerichts

Maleachi 3,19.20,22-24

Der Herr sagte: »Ja, es kommt der Tag, an dem mein Zorn wie ein Feuer im Ofen sein wird und alle wie Stroh verbrennt, die sich frech gegen mich auflehnen. Nichts bleibt dann mehr von ihnen übrig! Darauf gebe ich, der Herr, der allmächtige Gott, mein Wort! Für euch aber, die ihr mir die Treue gehalten habt, wird an jenem Tag die Rettung kommen, wie am Morgen die Sonne aufgeht. Ihr werdet endlich Hilfe finden und vor Freude springen wie Kälber, die aus dem Stall hinaus auf die Weide dürfen!

Denkt immer an das Gesetz meines Dieners Mose! Richtet euch nach den Weisungen und Ordnungen, die ich ihm am Berg Horeb für das Volk Israel gab! Noch bevor der große und schreckliche Tag kommt, an dem ich mein Urteil vollstrecke, sende ich den Propheten Elia zu euch. Er wird Eltern und Kinder wieder miteinander versöhnen, damit ich nicht das ganze Volk vernichten muss, wenn ich komme.«

Das Neue Testament

Die Schriften des Neuen Testaments (des christlichen Teils der Heiligen Schrift) entstanden in den Jahren 65 bis etwa 100 n. Chr. Aus der Vielzahl der frühchristlichen Schriften wurde längst nicht alles in das Neue Testament als dem verbindlichen Wort Gottes aufgenommen. Ein Kriterium für die Aufnahme war die Frage, ob eine Schrift »apostolische« Autorität vorweisen konnte, also von den Aposteln selbst (den Augenzeugen des Lebens und der Auferstehung Jesu) oder von Menschen, die ihnen nahestanden, verfasst worden war. Vier Berichte vom Leben Jesu, von seinem Tod und seiner Auferstehung, bilden einen großen Schwerpunkt des Neuen Testaments – die vier Evangelien. Die Apostelgeschichte erzählt die Geschichte der ersten Christen und die Entstehung der Kirche. Den zweiten Schwerpunkt bilden die Briefe der ersten und zweiten Generation von Gemeindeleitern (darunter Paulus, Petrus, Jakobus und Johannes) an die frühen Gemeinden. Wir erhalten hier ein lebendiges Bild der Fragen und Konflikte, die die frühe Kirche bewegten. Das Neue Testament schließt mit der Offenbarung des Johannes: einer gewaltigen Zukunftsvision und einem Ausblick auf die neue Welt, die Gott am Ende der Zeit erschaffen will.

Das Evangelium nach Matthäus

Das Matthäusevangelium steht am Anfang des Neuen Testaments, nicht weil es zuerst verfasst wurde, sondern weil es eine deutliche Verbindung zwischen den Heiligen Schriften Israels (Altes Testament) und den christlichen Schriften (Neues Testament) herstellt. Matthäus geht es darum, aufzuzeigen, dass alles, was Jesus tat und sagte, die jüdischen Prophezeiungen erfüllt. Er bietet eine klar strukturierte Darstellung der Reden und Lehrgeschichten von Jesus. Markant ist vor allem die sogenannte »Bergpredigt«, ein Herzstück der Lehre Jesu. Aus ihr stammen einige der folgenden Ausschnitte.

Wir beginnen jedoch mit dem Besuch der drei geheimnisvollen »Weisen aus dem Morgenland«, die an der Krippe, der Wiege des gerade geborenen Jesus, kostbare Geschenke niederlegen und ihn als kommenden großen König ehren und anbeten.

Die Sterndeuter aus dem Morgenland
Matthäus 2,1-12

Jesus wurde in Bethlehem geboren, einer kleinen Stadt in Judäa. Herodes war damals König. Einige Sterndeuter kamen aus dem Orient nach Jerusalem und erkundigten sich: »Wo ist der neugeborene König der Juden? Wir haben seinen Stern aufgehen sehen und sind aus dem Osten hierher gekommen, um ihm die Ehre zu erweisen.«

Als König Herodes das hörte, war er bestürzt und mit ihm alle Einwohner Jerusalems. Er rief die Hohenpriester und Schriftgelehrten zusammen und fragte sie: »Wo soll dieser versprochene Retter geboren werden?«

Sie antworteten: »In Bethlehem, im Land Judäa. So heißt es schon im Buch des Propheten: ›Bethlehem, du bist keineswegs die unbedeutendste Stadt im Land Judäa. Denn aus dir kommt der Herrscher, der mein Volk Israel führen wird.‹«

Da rief Herodes die Sterndeuter heimlich zu sich und fragte sie, wann sie zum ersten Mal den Stern gesehen hätten. Anschließend schickte er sie nach Bethlehem und bat sie: »Sucht nach dem Kind, und gebt mir Nachricht, wenn ihr es gefunden habt. Ich will dann auch hingehen und ihm Ehre erweisen.«

Nach diesem Gespräch gingen die Sterndeuter nach Bethlehem. Der Stern, den sie im Osten gesehen hatten, führte sie. Er blieb über dem Haus stehen, in dem das Kind war. Da kannte ihre Freude keine Grenzen. Sie gingen in das Haus, wo sie das Kind mit seiner Mutter Maria fanden, knieten vor ihm nieder und ehrten es wie einen König. Dann packten sie ihre Schätze aus und beschenkten das Kind mit Gold, Weihrauch und Myrrhe. Im Traum befahl ihnen Gott, nicht mehr zu Herodes zurückzugehen. Deshalb wählten sie für ihre Heimreise einen anderen Weg.

Die Bergpredigt

Die Bergpredigt ist eine Sammlung von Kernthemen der Verkündigung Jesu. Ihr zentrales Thema – wenn sie denn eines hat – ist die Frage nach Prioritäten: Hier macht Jesus deutlich, was wirklich wichtig ist und was nicht. Es folgen drei Textauszüge daraus. Zunächst die bekannten »Seligpreisungen« – eine Aufzählung von Grundhaltungen, denen Gottes Wohlwollen und sein Segen gilt und nach denen jeder streben sollte, der ein glückliches und erfülltes Leben haben möchte. Es folgt die berühmte Forderung Jesu, Feinde nicht zu bekämpfen, sondern zu lieben. Auch der dritte Auszug ist sehr bekannt: der Rat Jesu für ein sorgenfreies Leben. Diesen Texten aus der Bergpredigt folgen drei weitere Kernaussagen der Lehre Jesu, die Matthäus an anderer Stelle berichtet.

Die Seligpreisungen
Matthäus 5,1–12

Als Jesus die Menschenmenge sah, stieg er auf einen Berg. Er setzte sich, und seine Jünger traten zu ihm. Da begann er, sie zu unterweisen:

»Glücklich sind, die erkennen, wie arm sie vor
Gott sind, denn ihnen gehört die neue Welt
Gottes.
Glücklich sind die Trauernden,
denn sie werden Trost finden.
Glücklich sind die Friedfertigen,
denn sie werden die ganze Erde besitzen.
Glücklich sind, die nach Gerechtigkeit hungern
und dürsten, denn sie sollen satt werden.
Glücklich sind die Barmherzigen,
denn sie werden Barmherzigkeit erfahren.
Glücklich sind, die ein reines Herz haben,
denn sie werden Gott sehen.
Glücklich sind, die Frieden stiften,
denn Gott wird sie seine Kinder nennen.
Glücklich sind, die verfolgt werden, weil sie
nach Gottes Willen leben. Denn ihnen
gehört Gottes neue Welt.
Glücklich könnt ihr sein, wenn ihr verachtet,
verfolgt und verleumdet werdet, weil ihr mir
nachfolgt. Ja, freut euch und jubelt, denn
im Himmel werdet ihr dafür reich belohnt
werden! Genauso haben sie die Propheten
früher auch verfolgt.«

Vergeltung durch Liebe

Matthäus 5,38-48

»Es heißt auch: ›Auge um Auge, Zahn um Zahn!‹

Ich sage euch aber: Leistet keine Gegenwehr, wenn man euch Böses antut! Wenn jemand dir eine Ohrfeige gibt, dann halte die andere Wange auch noch hin! Wenn einer dich vor Gericht bringen will, um dein Hemd zu bekommen, so gib ihm auch noch den Mantel! Und wenn einer von dir verlangt, eine Meile mit ihm zu gehen, dann geh zwei Meilen mit ihm! Gib jedem, der dich um etwas bittet, und weise keinen ab, der etwas von dir leihen will.

Es heißt bei euch: ›Liebt eure Freunde und hasst eure Feinde!‹

Ich sage aber: Liebt eure Feinde und betet für alle, die euch verfolgen! So erweist ihr euch als Kinder eures Vaters im Himmel. Denn er lässt seine Sonne für Böse wie für Gute scheinen, und er lässt es regnen für Fromme und Gottlose. Wollt ihr etwa noch dafür belohnt werden, dass ihr die Menschen liebt, die euch auch lieben? Das tun sogar die Zolleinnehmer, die sonst nur auf ihren Vorteil aus sind! Wenn ihr nur euren Freunden liebevoll begegnet, ist das etwas Besonderes? Das tun auch die, die von Gott nichts wissen. Ihr aber sollt so vollkommen sein wie euer Vater im Himmel.«

Macht euch keine Sorgen!

Matthäus 6,25–34

»Darum sage ich euch: Macht euch keine Sorgen um euren Lebensunterhalt, um Essen, Trinken und Kleidung. Leben bedeutet mehr als Essen und Trinken, und der Mensch ist wichtiger als seine Kleidung. Seht euch die Vögel an! Sie säen nichts, sie ernten nichts und sammeln auch keine Vorräte. Euer Vater im Himmel versorgt sie. Meint ihr nicht, dass ihr ihm viel wichtiger seid? Und wenn ihr euch noch so viel sorgt, könnt ihr doch euer Leben um keinen Augenblick verlängern.

Weshalb macht ihr euch so viele Sorgen um eure Kleidung? Seht euch an, wie die Lilien auf den Wiesen blühen! Sie können weder spinnen noch weben. Ich sage euch, selbst König Salomo war in seiner ganzen Herrlichkeit nicht so prächtig gekleidet wie eine dieser Blumen. Wenn Gott sogar das Gras so schön wachsen lässt, das heute auf der Wiese grünt, morgen aber schon verbrannt wird, wie könnte er euch dann vergessen? Vertraut ihr Gott so wenig?

Zerbrecht euch also nicht mehr den Kopf mit Fragen wie: ›Werden wir genug zu essen haben? Und was werden wir trinken? Was sollen wir anziehen?‹ Mit solchen Dingen beschäftigen sich nur Menschen, die Gott nicht kennen. Euer Vater im Himmel weiß doch genau, dass ihr dies alles braucht.

Sorgt euch vor allem um Gottes neue Welt, und lebt nach Gottes Willen! Dann wird er euch mit allem anderen versorgen. Deshalb sorgt euch nicht um morgen – der nächste Tag wird für sich selber sorgen! Es ist doch genug, wenn jeder Tag seine eigenen Lasten hat.«

Eine Einladung an alle Erschöpften
Matthäus 11,25-30

Jesus betete: »Mein Vater, Herr über Himmel und Erde! Ich danke dir, dass du die Wahrheit vor den Klugen und Gebildeten verbirgst und sie den Unwissenden enthüllst. Ja, Vater, so entspricht es deinem Willen.

Mein Vater hat mir alle Macht gegeben. Nur der Vater kennt den Sohn. Und nur der Sohn kennt den Vater und jeder, dem der Sohn ihn zeigt.

Kommt alle her zu mir, die ihr euch abmüht und unter eurer Last leidet! Ich werde euch Ruhe geben. Lasst euch von mir in den Dienst nehmen, und lernt von mir! Ich meine es gut mit euch und sehe auf niemanden herab. Bei mir findet ihr Ruhe für euer Leben. Mir zu dienen ist keine Bürde für euch, meine Last ist leicht.«

Der Schatz und die kostbare Perle
Matthäus 13,44-46

»Die neue Welt Gottes ist wie ein verborgener Schatz, den ein Mann in einem Acker entdeckte und wieder vergrub. In seiner Freude verkaufte er sein gesamtes Hab und Gut und kaufte dafür den Acker mit dem Schatz.

Mit der neuen Welt Gottes ist es wie mit einem Kaufmann, der auf der Suche nach kostbaren Perlen ist. Er entdeckt eine Perle von unschätzbarem Wert. Deshalb verkauft er alles, was er hat, und kauft dafür die Perle.«

Das Evangelium nach Markus

Markus verfasste das älteste, kürzeste und prägnanteste unter den vier Evangelien. Die ausgewählten Stellen berichten von markanten Punkten im Leben Jesu, die etwas über seine Bedeutung deutlich machen. Die Lebensdarstellung Jesu bei Markus beginnt nicht mit seiner Geburt, sondern mit seinem »Vorboten«, Johannes dem Täufer, und Jesu eigener Taufe. Es geht weiter mit einem seiner Heilungswunder; dem Augenblick, in dem seine Jünger erkennen, dass Jesus der »Messias« ist – der Christus, der Gesandte Gottes. Diese Erkenntnis wird bestätigt, als sie Zeugen seiner Verklärung werden. Anschließend folgen Stationen des Leidenswegs Jesu: das letzte gemeinsame Mahl mit seinen Jüngern, der Verrat im Garten von Gethsemane, Scheinprozess und Kreuzigung. Die knappe, aber überzeugende Erwähnung des Auferstehungsmorgens bei Markus schließt diese Auswahl ab.

Johannes der Täufer
Markus 1,1-8

Dies ist die rettende Botschaft von Jesus Christus, dem Sohn Gottes.

Alles begann so, wie es der Prophet Jesaja vorausgesagt hatte: »Gott spricht: ›Ich sende meinen Boten dir voraus, der dein Kommen ankündigt und die Menschen darauf vorbereitet.‹ Ein Bote wird in der Wüste rufen: ›Macht den Weg frei für den Herrn! Räumt alle Hindernisse weg!‹«

Dieser Bote war Johannes der Täufer. Er lebte in der Wüste, taufte und verkündete den Menschen, die zu ihm kamen: »Kehrt um zu Gott, und lasst euch von mir taufen! Dann wird er euch eure Sünden vergeben.« Viele Menschen aus der ganzen Provinz Judäa und aus Jerusalem kamen zu ihm. Sie bekannten ihre Sünden und ließen sich von ihm im Jordan taufen.

Johannes trug ein aus Kamelhaar gewebtes Gewand, das von einem Lederriemen zusammengehalten wurde. Er ernährte sich von Heuschrecken und wildem Honig. Johannes rief den Leuten zu: »Nach mir wird ein anderer kommen, der viel mächtiger ist als ich. Ich bin nicht einmal würdig, ihm die Schuhe auszuziehen. Ich taufe euch mit Wasser, aber er wird euch mit dem Heiligen Geist taufen.«

Die Taufe Jesu
Markus 2,9-15

In dieser Zeit kam Jesus aus Nazareth, das in der Provinz Galiläa liegt, an den Jordan und ließ sich dort von Johannes taufen.

Als Jesus nach der Taufe aus dem Wasser gestiegen war, sah er, wie sich der Himmel über ihm öffnete und der Geist Gottes wie eine Taube auf ihn herabkam. Gleichzeitig sprach eine Stimme vom Himmel: »Du bist mein geliebter Sohn, der meine ganze Freude ist.«

Kurz darauf führte der Geist Gottes Jesus in die Wüste. Vierzig Tage war er dort den Versuchungen des Satans ausgesetzt. Er lebte unter wilden Tieren, und die Engel Gottes dienten ihm.

Nachdem Johannes der Täufer von König Herodes verhaftet worden war, kam Jesus in die Provinz Galiläa, um dort Gottes Botschaft zu verkünden: »Jetzt ist die Zeit gekommen, in der Gottes neue Welt beginnt. Kehrt um zu Gott, und glaubt an die rettende Botschaft!«

Jesus heilt einen Gelähmten

Markus 2,1-12

Nach einigen Tagen kehrte Jesus nach Kapernaum zurück. Es sprach sich schnell herum, dass er wieder im Haus des Simon war. Viele Menschen strömten zusammen, sodass nicht einmal mehr vor der Tür Platz war. Ihnen allen verkündete Jesus Gottes Botschaft.

Da kamen vier Männer, die einen Gelähmten trugen. Weil sie wegen der vielen Menschen nicht bis zu Jesus kommen konnten, deckten sie über ihm das Dach ab. Durch diese Öffnung ließen sie den Gelähmten auf seiner Trage hinunter. Als Jesus ihren festen Glauben sah, sagte er zu dem Gelähmten: »Mein Sohn, deine Sünden sind dir vergeben!«

Aber einige der anwesenden Schriftgelehrten dachten: »Das ist Gotteslästerung! Was bildet der sich ein! Nur Gott allein kann Sünden vergeben.«

Jesus durchschaute sie und fragte: »Wie könnt ihr nur so etwas denken! Ist es leichter zu sagen: ›Dir sind deine Sünden vergeben‹ oder diesen Gelähmten zu heilen? Aber ich will euch zeigen, dass der Menschensohn die Macht hat, hier auf der Erde Sünden zu vergeben.« Und er forderte den Gelähmten auf: »Steh auf, nimm deine Trage, und geh nach Hause!«

Da stand der Mann auf, nahm seine Trage und

ging vor aller Augen hinaus. Fassungslos sahen ihm die Menschen nach und riefen: »So etwas haben wir noch nie erlebt!« Und alle lobten Gott.

Wer ist Jesus?
Markus 8,27-30

Jesus und seine Jünger kamen nun in die Dörfer bei Cäsarea Philippi. Auf dem Weg dorthin fragte er seine Jünger: »Für wen halten mich die Leute eigentlich?«

Die Jünger erwiderten: »Einige meinen, du seist Johannes der Täufer. Andere halten dich für Elia oder für einen der Propheten.«

»Und für wen haltet ihr mich?«, fragte er sie. Da antwortete Petrus: »Du bist Christus, der von Gott gesandte Retter.«

Jesus befahl seinen Jüngern, mit niemandem darüber zu reden.

Die Jünger erleben die Herrlichkeit Jesu
Markus 9,2-10

Sechs Tage später ging Jesus mit Petrus, Jakobus und Johannes auf einen hohen Berg. Sie waren dort ganz allein. Da wurde Jesus vor ihren Augen verwandelt: Seine Kleider glänzten so weiß, wie kein Mensch auf der Erde sie bleichen könnte.

Dann erschienen Elia und Mose und redeten mit Jesus.

Petrus rief: »Meister, hier gefällt es uns! Wir wollen gleich drei Hütten bauen, für dich, für Mose und für Elia.« Er wusste aber nicht, was er da redete, denn die drei Jünger waren völlig verwirrt.

Da fiel der Schatten einer Wolke auf sie, und aus der Wolke hörten sie eine Stimme: »Dies ist mein geliebter Sohn! Auf ihn sollt ihr hören!« Als sich die Jünger umsahen, waren sie plötzlich mit Jesus allein.

Während sie den Berg hinabstiegen, befahl ihnen Jesus: »Erzählt keinem, was ihr gesehen habt, bis der Menschensohn von den Toten auferstanden ist!«

So behielten sie es für sich. Aber als sie allein waren, sprachen sie darüber, was Jesus wohl damit meinte: »von den Toten auferstehen«.

Das letzte gemeinsame Mahl
Markus 14,17-26

Am Abend kam Jesus mit den zwölf Jüngern. Beim Essen erklärte er ihnen: »Ich sage euch: Einer von euch, der jetzt mit mir isst, wird mich verraten!«

Bestürzt fragte einer nach dem andern: »Meinst du etwa mich?«

Jesus antwortete: »Es ist einer von euch Zwölfen, der mit mir das Brot in die Schüssel taucht. Der Menschensohn muss zwar sterben, wie es in der Heiligen Schrift vorausgesagt ist; aber wehe seinem Verräter! Er wäre besser nie geboren worden.«

Während sie aßen, nahm Jesus Brot, sprach das Dankgebet, teilte das Brot und gab jedem seiner Jünger ein Stück davon: »Nehmt und esst! Das ist mein Leib!«

Anschließend nahm er einen Becher Wein, dankte Gott und reichte den Becher seinen Jüngern. Sie tranken alle daraus. Jesus sagte: »Das ist mein Blut, mit dem der neue Bund zwischen Gott und den Menschen besiegelt wird. Es wird zur Vergebung ihrer Sünden vergossen. Ich sage euch: Von jetzt an werde ich keinen Wein mehr trinken, bis ich ihn wieder mit euch in der neuen Welt Gottes trinken werde.«

Nachdem sie das Danklied gesungen hatten, gingen sie hinaus an den Ölberg.

Das Versprechen des Petrus
Markus 14,27-31

Unterwegs sagte Jesus zu den Jüngern: »Ihr werdet euch alle bald von mir abwenden. Denn es steht geschrieben: ›Ich werde der Herde den Hirten nehmen, und die Schafe werden auseinanderlaufen.‹ Aber nach meiner Auferstehung werde ich nach Galiläa gehen, und dort werdet ihr mich wiedersehen.«

Da beteuerte Petrus: »Wenn dich auch alle anderen verlassen — ich halte zu dir!«

»Petrus«, erwiderte ihm Jesus, »ich sage dir: Heute Nacht, noch ehe der Hahn zweimal kräht, wirst du dreimal geleugnet haben, mich zu kennen.«

»Ausgeschlossen!«, rief Petrus. »Selbst wenn ich mit dir sterben müsste, würde ich das nicht tun!« Auch die anderen Jünger beteuerten dies.

Die Nacht des Verrats
Markus 14,32-65

Dann ging Jesus mit seinen Jüngern in einen Garten, der Gethsemane heißt. Dort bat er sie: »Setzt euch hier hin, und wartet auf mich, bis ich gebetet habe!«

Petrus, Jakobus und Johannes nahm er mit. Tiefe Traurigkeit und Angst überfielen Jesus, und er sagte zu ihnen: »Ich zerbreche beinahe unter der Last, die ich zu tragen habe. Bleibt bei mir, und wacht mit mir!«

Jesus ging ein paar Schritte weiter, warf sich nieder und betete: »Mein Vater, wenn es möglich ist, so erspare mir diese schwere Stunde, und bewahre mich vor diesem Leiden! Dir ist alles möglich. Aber nicht was ich will, sondern was du willst, soll geschehen.«

Dann kam er zu den drei Jüngern zurück und sah, dass sie eingeschlafen waren. Er weckte Petrus. »Simon«, rief er, »schläfst du? Kannst du denn nicht eine einzige Stunde mit mir wachen? Bleibt wach und betet, damit ihr der Versuchung widerstehen könnt. Ich weiß, ihr wollt nur das Beste, aber aus eigener Kraft könnt ihr es nicht erreichen.«

Noch einmal ging er ein Stück weg und bat Gott mit den gleichen Worten um Hilfe. Als er zurückkam, schliefen die Jünger schon wieder. Die Augen waren ihnen zugefallen, und sie wussten vor Müdigkeit nicht, was sie Jesus sagen sollten.

Als er zum dritten Mal zu ihnen zurückkehrte, rief er: »Ihr schlaft immer noch und ruht euch aus? Genug jetzt! Die Stunde ist gekommen: Der Menschensohn wird den gottlosen Menschen ausgeliefert. Steht auf, lasst uns gehen! Der Verräter ist schon da!«

Verrat und Verhaftung

Noch während Jesus sprach, kam Judas, einer von seinen Jüngern, zusammen mit vielen Männern, die mit Schwertern und Knüppeln bewaffnet waren. Die Hohenpriester, Schriftgelehrten und die führenden Männer des Volkes hatten sie geschickt. Judas hatte mit ihnen vereinbart: »Der Mann, den ich küssen werde, der ist es! Den müsst ihr festnehmen.«

Er ging auf Jesus zu und sagte: »Sei gegrüßt, Meister!« Dann küsste er ihn.

Sofort packten die bewaffneten Männer Jesus und nahmen ihn fest. Aber einer von den Männern, die bei Jesus waren, wollte das verhindern. Er zog sein Schwert, schlug auf einen der Diener des Hohenpriesters ein und hieb ihm ein Ohr ab.

Jesus fragte die Leute, die ihn festgenommen hatten: »Bin ich denn ein Verbrecher, dass ihr euch mit Schwertern und Knüppeln bewaffnet habt, um mich zu verhaften? Jeden Tag habe ich öffentlich im Tempel gesprochen. Warum habt ihr mich nicht dort festgenommen? Aber auch dies geschieht, damit sich die Vorhersagen der Heiligen Schrift erfüllen.«

Entsetzt verließen ihn alle Jünger und flohen.

Petrus verleugnet Jesus
Markus 14,66-72

Petrus war immer noch unten im Hof. Eine Dienerin des Hohenpriesters sah ihn am Feuer sitzen und sagte: »Du gehörst doch auch zu diesem Jesus von Nazareth!« Doch Petrus behauptete: »Ich weiß nicht, wovon du redest!«

Schnell ging er hinaus in den Vorhof. Da krähte ein Hahn. Aber auch hier erkannte ihn die Dienerin und sagte vor allen Leuten: »Das ist auch einer von denen, die bei Jesus waren!« Wieder bestritt Petrus es heftig.

Doch nach einer Weile sagten auch die Umstehenden: »Natürlich gehörst du zu seinen Freunden; du kommst doch auch aus Galiläa!« Da rief Petrus: »Ich schwöre euch: Ich kenne diesen Menschen überhaupt nicht, von dem ihr da redet! Gott soll mich verfluchen, wenn ich lüge!«

In diesem Augenblick krähte der Hahn zum zweiten Mal, und Petrus fielen die Worte ein, die Jesus gesagt hatte: »Ehe der Hahn zweimal kräht, wirst du dreimal geleugnet haben, mich zu kennen.« Da fing Petrus an zu weinen.

Die Kreuzigung
Markus 15,25-32

Es war neun Uhr morgens, als sie ihn kreuzigten. Über ihm wurde ein Schild angebracht, auf dem man lesen konnte, weshalb er verurteilt worden war. Darauf stand: »Der König der Juden!«

Mit Jesus wurden zwei Verbrecher gekreuzigt, einer rechts, der andere links von ihm.

Die Leute, die am Kreuz vorübergingen, beschimpften ihn und schüttelten spöttisch den Kopf: »So! Den Tempel wolltest du zerstören und in drei Tagen wieder aufbauen? Dann rette dich doch selber, und komm vom Kreuz herunter!«

Auch die Hohenpriester und Schriftgelehrten verhöhnten Jesus: »Anderen hat er geholfen, aber sich selbst kann er nicht helfen! Dieser Christus, dieser König von Israel, soll er doch vom Kreuz heruntersteigen! Dann wollen wir an ihn glauben!« Ebenso beschimpften ihn die beiden Männer, die mit ihm gekreuzigt worden waren.

Jesus stirbt am Kreuz
Markus 15,33-39

Am Mittag wurde es plötzlich im ganzen Land dunkel. Diese Finsternis dauerte drei Stunden. Gegen drei Uhr rief Jesus laut: »Eloï, Eloï, lema sabachtani?« Das heißt: »Mein Gott, mein Gott, warum hast du mich verlassen?«

Einige von den Umstehenden aber meinten: »Er ruft den Propheten Elia.«

Einer von ihnen tauchte schnell einen Schwamm in Essig und steckte ihn auf einen Stab, um Jesus davon trinken zu lassen. »Wir wollen doch sehen, ob Elia kommt und ihn herunterholt!«, sagte er.

Aber Jesus schrie laut auf und starb. Im selben Augenblick zerriss im Tempel der Vorhang vor dem Allerheiligsten von oben bis unten.

Der römische Hauptmann, der neben dem

Kreuz stand und mit angesehen hatte, wie Jesus starb, rief: »Dieser Mann ist wirklich Gottes Sohn gewesen!«

Das Grab ist leer
Markus 16,1-7

Nachdem der Sabbat vorüber war, kauften Maria aus Magdala, Salome und Maria, die Mutter von Jakobus, wohlriechende Öle, um den Toten zu salben.

Früh am ersten Wochentag, gerade als die Sonne aufging, kamen die Frauen zum Grab. Schon unterwegs hatten sie sich besorgt gefragt: »Wer wird uns nur den schweren Stein vor der Grabkammer zur Seite rollen?«

Umso erstaunter waren sie, als sie merkten, dass der Stein nicht mehr vor dem Grab lag. Sie betraten die Grabkammer, und da sahen sie auf der rechten Seite einen jungen Mann sitzen, der ein langes weißes Gewand trug. Die Frauen erschraken sehr. Aber der Mann sagte zu ihnen: »Habt keine Angst! Ihr sucht Jesus von Nazareth, den Gekreuzigten. Er ist nicht mehr hier. Er ist auferstanden. Seht her, an dieser Stelle hat er gelegen. Und nun geht zu seinen Jüngern und zu Petrus, und sagt ihnen, dass Jesus euch nach Galiläa vorausgehen wird. Dort werdet ihr ihn sehen, wie er es euch versprochen hat.«

Das Evangelium nach Lukas

Dieses Evangelium ist von einem Freund und Gefährten des Apostels Paulus, einem Arzt namens Lukas, geschrieben worden. Er war ein Nichtjude aus Kleinasien (heute: Türkei) und schrieb stilvoll und fließend Griechisch. Lukas ist ein besonders begabter Geschichtenerzähler, und wir verdanken ihm die wunderbaren Erzählungen »Der barmherzige Samariter« und »Der verlorene Sohn«.

Lukas legt den Akzent seines Evangeliums auf die besondere Vorliebe Jesu für die Armen und in der damaligen Gesellschaft Ausgegrenzten – die verachteten Samariter zum Beispiel oder die verhassten »Steuereintreiber« (Zöllner), die »Aussätzigen«, die Frauen auf den Straßen …, ja, Frauen im Allgemeinen, die als Menschen zweiter Klasse galten. Lukas war ganz und gar ein Mensch seiner Zeit, aber in vielerlei Hinsicht war er seiner Zeit voraus.

Aus seinem Evangelium haben wir den Bericht von der Versuchung Jesu ausgewählt, gefolgt von dem Gebet Jesu am Kreuz um Vergebung für seine Mörder; außerdem zwei bemerkenswerte Begegnungen des auferstandenen Jesus mit seinen noch ungläubigen Jüngern.

Besonders bekannt ist allerdings die Geschichte der Geburt Jesu nach dem Lukasevangelium. Sie steht am Anfang unserer Auswahl.

Ein Engel kündigt Maria
die Geburt Jesu an

Lukas 1,26-38

Elisabeth war im sechsten Monat schwanger, als Gott den Engel Gabriel zu einer jungen Frau nach Nazareth schickte, einer Stadt in Galiläa. Die junge Frau hieß Maria und war mit Josef, einem Nachkommen König Davids, verlobt.

Der Engel kam zu ihr und sagte: »Sei gegrüßt, Maria! Gott ist mit dir! Er hat dich unter allen Frauen auserwählt.«

Maria fragte sich erschrocken, was diese seltsamen Worte bedeuten könnten.

»Hab keine Angst, Maria«, redete der Engel weiter. »Gott hat dich zu etwas Besonderem auserwählt. Du wirst schwanger werden und einen Sohn zur Welt bringen. Jesus soll er heißen. Er wird mächtig sein, und man wird ihn Gottes Sohn nennen. Gott, der Herr, wird ihm die Königsherrschaft Davids übergeben, und er wird die Nachkommen Jakobs für immer regieren. Seine Herrschaft wird niemals enden.«

»Wie kann das geschehen?«, fragte Maria den Engel. »Ich bin doch gar nicht verheiratet.«

Der Engel antwortete ihr: »Der Heilige Geist wird über dich kommen, und die Kraft Gottes wird sich an dir zeigen. Darum wird dieses Kind auch heilig sein und Sohn Gottes genannt werden. Selbst Elisabeth, deine Verwandte, von der man sagte, dass sie keine Kinder bekommen kann, ist jetzt im sechsten Monat schwanger. Sie wird in ihrem hohen Alter einen Sohn zur Welt bringen. Gott hat es ihr zugesagt, und was Gott sagt, das geschieht!«

»Ich will mich dem Herrn ganz zur Verfügung stellen«, antwortete Maria. »Alles soll so geschehen, wie du es mir gesagt hast.« Darauf verließ sie der Engel.

Die Geburt Jesu
Lukas 2,1-19

In dieser Zeit befahl Kaiser Augustus, alle Bewohner des Römischen Reiches in Listen einzutragen. Eine solche Volkszählung hatte es noch nie gegeben. Sie wurde durchgeführt, als Quirinius Statthalter in Syrien war. Jeder musste in seine Heimatstadt gehen, um sich dort eintragen zu lassen. So reiste Josef von Nazareth in Galiläa nach Bethlehem in Judäa. Denn er war ein Nachkomme Davids und in Bethlehem geboren. Josef musste sich dort einschreiben lassen, zusammen mit seiner Verlobten Maria, die ein Kind erwartete.

In Bethlehem kam für Maria die Stunde der Geburt. Sie brachte ihr erstes Kind, einen Sohn, zur Welt. Sie wickelte ihn in Windeln und legte ihn in eine Futterkrippe im Stall, denn im Gasthaus hatten sie keinen Platz bekommen.

In dieser Nacht bewachten draußen auf dem Feld einige Hirten ihre Herden.

Plötzlich trat ein Engel Gottes zu ihnen, und Gottes Licht umstrahlte sie. Die Hirten erschraken sehr, aber der Engel sagte: »Fürchtet euch nicht! Ich verkünde euch eine Botschaft, die das ganze Volk mit großer Freude erfüllt: Heute ist für euch in der Stadt, in der schon David geboren wurde, der lang ersehnte Retter zur Welt gekommen. Es ist Christus, der Herr. Und daran werdet ihr ihn erkennen: Das Kind liegt, in Windeln gewickelt, in einer Futterkrippe!«

Auf einmal waren sie von unzähligen Engeln umgeben, die Gott lobten: »Ehre sei Gott im Himmel! Denn er bringt der Welt Frieden und wendet sich den Menschen in Liebe zu.«

Nachdem die Engel in den Himmel zurückgekehrt waren, beschlossen die Hirten: »Kommt, wir gehen nach Bethlehem. Wir wollen sehen, was dort geschehen ist und was der Herr uns verkünden ließ.«

Sie machten sich sofort auf den Weg und fanden Maria und Josef und das Kind, das in der Futterkrippe lag. Als sie es sahen, erzählten die Hirten, was ihnen der Engel über das Kind gesagt hatte. Und alle, die ihren Bericht hörten, waren darüber sehr erstaunt. Maria aber merkte sich jedes Wort und dachte immer wieder darüber nach.

Die Versuchung Jesu

Lukas 4,1-13

Erfüllt vom Heiligen Geist, kam Jesus vom Jordan zurück. Der Geist Gottes führte ihn in die Wüste, wo er sich vierzig Tage aufhielt. Dort war er den Versuchungen des Teufels ausgesetzt. Jesus aß nichts während dieser ganzen Zeit, und schließlich quälte ihn der Hunger.

Da forderte ihn der Teufel heraus: »Wenn du Gottes Sohn bist, dann mach doch aus diesem Stein Brot!«

Aber Jesus wehrte ab: »Nein, denn es steht in der Heiligen Schrift: ›Der Mensch lebt nicht allein von Brot, sondern von allem, was Gott ihm zusagt!‹«

Dann führte ihn der Teufel auf einen hohen Berg, zeigte ihm in einem einzigen Augenblick alle Reiche der Welt und bot sie Jesus an: »Alle Macht über diese Welt und ihre ganze Pracht will ich dir geben; denn mir gehört die Welt, und ich schenke sie, wem ich will. Wenn du vor mir niederkniest und mich anbetest, wird das alles dir gehören.«

Wieder wehrte Jesus ab: »Nein! Denn es steht in der Heiligen Schrift:

›Bete allein Gott, deinen Herrn, an und diene nur ihm!‹« Jetzt nahm ihn der Teufel mit nach Jerusalem und stellte ihn auf die höchste Stelle des Tempels. »Spring hinunter!«, forderte er Jesus auf. »Du bist doch Gottes Sohn! Und in der Heiligen Schrift steht: ›Gott wird seine Engel schicken, um dich zu beschützen. Sie werden dich auf Händen tragen, und du wirst dich nicht einmal an einem Stein verletzen!‹«

Aber Jesus wies ihn auch diesmal zurück: »Es steht aber auch in der Schrift: ›Du sollst Gott, deinen Herrn, nicht herausfordern!‹«

Da gab der Teufel es auf, Jesus weiter auf die Probe zu stellen, und verließ ihn für einige Zeit.

Das Gleichnis von den zwei Söhnen
Lukas 15,11-32

»Ein Mann hatte zwei Söhne«, erzählte Jesus.

»Eines Tages sagte der jüngere zu ihm: ›Vater, ich will jetzt schon meinen Anteil am Erbe ausbezahlt haben.‹ Da teilte der Vater sein Vermögen unter ihnen auf.

Nur wenige Tage später packte der jüngere Sohn alles zusammen, verließ seinen Vater und reiste ins Ausland. Dort leistete er sich, was immer er wollte. Er verschleuderte sein Geld, bis er schließlich nichts mehr besaß. In dieser Zeit brach eine große Hungersnot aus. Es ging ihm sehr schlecht. In seiner Verzweiflung bettelte er so lange bei einem Bauern, bis der ihn zum Schweinehüten auf die Felder schickte. Oft quälte ihn der Hunger so, dass er sogar über das

Schweinefutter froh gewesen wäre. Aber nicht einmal davon erhielt er etwas.

Da kam er zur Besinnung: ›Bei meinem Vater hat jeder Arbeiter mehr als genug zu essen, und ich sterbe hier vor Hunger. Ich will zu meinem Vater gehen und ihm sagen: Vater, ich bin schuldig geworden an Gott und an dir. Sieh mich nicht länger als deinen Sohn an, ich bin es nicht mehr wert. Aber kann ich nicht als Arbeiter bei dir bleiben?‹

Er machte sich auf den Weg und ging zurück zu seinem Vater. Der erkannte ihn schon von Weitem. Voller Mitleid lief er ihm entgegen, fiel ihm um den Hals und küsste ihn.

Doch der Sohn sagte: ›Vater, ich bin schuldig geworden an Gott und an dir. Sieh mich nicht länger als deinen Sohn an, ich bin es nicht mehr wert.‹

Sein Vater aber befahl den Knechten: ›Beeilt euch! Holt das schönste Gewand im Haus, und gebt es meinem Sohn. Bringt auch einen Ring und Sandalen für ihn! Schlachtet das Mastkalb! Wir wollen essen und feiern! Mein Sohn war tot, jetzt lebt er wieder. Er war verloren, jetzt ist er wiedergefunden.‹ Und sie begannen ein fröhliches Fest.

Inzwischen kam der ältere Sohn nach Hause. Er hatte auf dem Feld gearbeitet und hörte schon von Weitem die Tanzmusik. Erstaunt fragte er einen Knecht: ›Was wird denn hier gefeiert?‹

›Dein Bruder ist wieder da‹, antwortete er ihm. ›Dein Vater hat sich darüber so gefreut, dass er das Mastkalb schlachten ließ. Jetzt feiern sie ein großes Fest.‹

Der ältere Bruder wurde wütend und wollte nicht ins Haus gehen. Da kam sein Vater zu ihm heraus und bat: ›Komm und freu dich mit uns!‹

Doch er entgegnete ihm bitter: ›All diese Jahre habe ich mich für dich geschunden. Alles habe ich getan, was du von mir verlangt hast. Aber nie hast du mir auch nur eine junge Ziege gegeben, damit ich mit meinen Freunden einmal richtig hätte feiern können. Und jetzt, wo dein Sohn zurückkommt, der dein Geld mit Huren durchgebracht hat, jetzt lässt du sogar das Mastkalb schlachten!‹

Sein Vater redete ihm zu: ›Mein Sohn, du bist immer bei mir gewesen. Was ich habe, gehört auch dir. Darum komm, wir haben allen Grund zu feiern. Denn dein Bruder war tot, jetzt hat er ein neues Leben begonnen. Er war verloren, jetzt ist er wiedergefunden!‹«

Die Frage nach dem wichtigsten Gebot

Lukas 10,25–30a

Da stand ein Schriftgelehrter auf, um Jesus eine Falle zu stellen. »Lehrer«, fragte er scheinheilig, »was muss ich tun, um das ewige Leben zu bekommen?«

Jesus erwiderte: »Was steht denn darüber im Gesetz Gottes? Was liest du dort?«

Der Schriftgelehrte antwortete: »Du sollst den Herrn, deinen Gott, lieben von ganzem Herzen, mit ganzer Hingabe, mit all deiner Kraft und mit deinem ganzen Verstand. Und auch deinen Mitmenschen sollst du so lieben wie dich selbst.«

»Richtig!«, erwiderte Jesus. »Tu das, und du wirst ewig leben.« Aber der Mann gab sich damit nicht zufrieden und fragte weiter: »Wer gehört denn eigentlich zu meinen Mitmenschen?«

Jesus antwortete ihm mit einer Geschichte:

Der barmherzige Samariter

Lukas 10,30b–37

»Ein Mann wanderte von Jerusalem nach Jericho. Unterwegs wurde er von Räubern überfallen. Sie schlugen ihn zusammen, raubten ihn aus und ließen ihn halb tot liegen. Dann machten sie sich davon. Zufällig kam bald darauf ein Priester vorbei. Er sah den Mann liegen und ging schnell auf der anderen Straßenseite weiter. Genauso verhielt sich ein Tempeldiener. Er sah zwar den verletzten Mann, aber er blieb nicht stehen, sondern machte einen großen Bogen um ihn.

Dann kam einer der verachteten Samariter vorbei. Als er den Verletzten sah, hatte er Mitleid mit ihm. Er beugte sich zu ihm hinunter, behandelte seine Wunden mit Öl und Wein und verband sie. Dann hob er ihn auf sein Reittier und brachte ihn in den nächsten Gasthof, wo er den Kranken besser pflegen und versorgen konnte. Als er am nächsten Tag weiterreisen musste, gab er dem Wirt zwei Silberstücke und bat ihn: ›Pflege den Mann gesund! Sollte das Geld nicht reichen, werde ich dir den Rest auf meiner Rückreise bezahlen!‹

Was meinst du?«, fragte Jesus jetzt den Schriftgelehrten. »Welcher von den dreien hat an dem Überfallenen als Mitmensch gehandelt?«

Der Schriftgelehrte erwiderte: »Natürlich der Mann, der ihm geholfen hat.«

»Dann geh und folge seinem Beispiel!«, forderte Jesus ihn auf.

Am Kreuz
Lukas 23,32-43

Mit Jesus wurden zwei Verbrecher vor die Stadt geführt zu der Stelle, die man »Schädelstätte« nennt. Dort wurde Jesus ans Kreuz genagelt und mit ihm die beiden Verbrecher, der eine rechts, der andere links von ihm.

Jesus betete: »Vater, vergib ihnen, denn sie wissen nicht, was sie tun!« Unter dem Kreuz verlosten die Soldaten seine Kleider untereinander.

Neugierig stand die Menge dabei. Und die führenden Männer des Volkes verhöhnten Jesus: »Anderen hat er geholfen! Wenn er wirklich Christus, der von Gott gesandte Befreier, ist, dann soll er sich jetzt doch selber helfen!« Auch die Soldaten verspotteten ihn. Sie gaben ihm Essig zu trinken und riefen ihm zu: »Wenn du der König der Juden bist, dann rette dich doch selbst!«

Oben am Kreuz brachten sie ein Schild an. Damit jeder es lesen konnte, stand dort auf Griechisch, Hebräisch und Lateinisch: »Dies ist der König der Juden!«

Auch einer der Verbrecher, die mit ihm gekreuzigt worden waren, lästerte: »Bist du nun der Christus? Dann hilf dir selbst und uns!«

Aber der am anderen Kreuz wies ihn zurecht: »Fürchtest du Gott nicht einmal jetzt, kurz vor dem Tod? Wir werden hier zu Recht bestraft.

Wir haben den Tod verdient. Der hier aber ist unschuldig; er hat nichts Böses getan.« Zu Jesus sagte er: »Denk an mich, wenn du in dein Königreich kommst!«

Da antwortete ihm Jesus: »Ich versichere dir: Noch heute wirst du mit mir im Paradies sein.«

Der Auferstandene begegnet seinen Jüngern

Lukas 24,13-40

Am selben Tag wanderten zwei Jünger nach Emmaus, einem Dorf ungefähr zehn Kilometer von Jerusalem entfernt. Unterwegs redeten sie über die Ereignisse der vergangenen Tage. Während sie miteinander sprachen und nachdachten, kam Jesus und ging mit ihnen. Aber sie – wie mit Blindheit geschlagen – erkannten ihn nicht.

»Worüber unterhaltet ihr euch?«, fragte sie Jesus. Die Jünger blieben traurig stehen, und verwundert bemerkte Kleopas, einer von den beiden: »Ich glaube, du bist der Einzige in Jerusalem, der nichts von den Ereignissen der letzten Tage gehört hat.«

»Was ist denn geschehen?«, wollte Jesus wissen.

»Hast du etwa nichts von Jesus gehört, dem Mann aus Nazareth?«, antworteten die Jünger. »Er war ein Prophet, den Gott geschickt hatte.

Jeder im Volk konnte das an seinen Worten und Taten erkennen. Aber unsere Hohenpriester und die führenden Männer des Volkes haben ihn an die Römer ausgeliefert. Er wurde zum Tode verurteilt und dann ans Kreuz geschlagen. Dabei hatten wir gehofft, dass er der von Gott versprochene Retter ist, der Israel befreit. Das war vor drei Tagen.

Heute Morgen wurden wir sehr beunruhigt durch einige Frauen, die zu uns gehören. Schon vor Sonnenaufgang waren sie zum Grab gegangen; aber der Leichnam Jesu war nicht mehr da. Die Frauen erzählten, ihnen seien Engel erschienen, die sagten: ›Jesus lebt!‹ Einige von uns sind gleich zum Grab gelaufen. Es war tatsächlich leer, wie die Frauen berichtet hatten. Aber Jesus haben sie nicht gesehen.«

Darauf sagte Jesus zu ihnen: »Wie wenig versteht ihr doch! Warum begreift und glaubt ihr nicht, was die Propheten gesagt haben? Musste Christus nicht all dies erleiden, bevor Gott ihn zum Herrn über alles einsetzt?« Dann erklärte Jesus, was in der Heiligen Schrift über ihn gesagt wird – von den Büchern Mose angefangen bis zu den Propheten.

Inzwischen waren sie kurz vor Emmaus, und Jesus tat so, als wolle er weitergehen. Deshalb drängten ihn die Jünger: »Bleib doch über Nacht bei uns! Es wird ja schon dunkel.« So ging er mit ihnen ins Haus.

Als sie sich zum Essen niedergelassen hatten, nahm Jesus das Brot, dankte dafür, teilte es in Stücke und gab es ihnen. Da plötzlich erkannten sie ihn. Doch er verschwand vor ihren Augen. Sie sagten zueinander: »Hat es uns nicht tief berührt, als er unterwegs mit uns sprach und uns die Heilige Schrift erklärte?«

Ohne Zeit zu verlieren, liefen sie sofort nach Jerusalem zurück. Dort waren die elf Jünger und andere Freunde Jesu zusammen. Von ihnen wurden sie mit den Worten begrüßt: »Der Herr ist tatsächlich auferstanden! Simon Petrus hat ihn gesehen!« Nun erzählten die beiden, was auf dem Weg nach Emmaus geschehen war und dass sie ihren Herrn daran erkannt hatten, wie er das Brot austeilte.

Noch während sie berichteten, stand Jesus plötzlich mitten im Kreis der Jünger. »Friede sei mit euch!«, begrüßte er sie. Die Jünger erschraken furchtbar. Sie dachten, ein Geist stünde vor ihnen.

»Warum habt ihr Angst?«, fragte Jesus. »Wieso zweifelt ihr daran, dass ich es bin? Seht doch die Wunden an meinen Händen und Füßen! Ich bin es wirklich. Hier, fasst mich an und überzeugt euch, dass ich kein Geist bin. Geister sind doch nicht aus Fleisch und Blut!«

Und er zeigte ihnen seine Hände und Füße.

Das Evangelium nach Johannes

Das Johannesevangelium hebt sich deutlich von den anderen drei Evangelien ab: in Stil, Betrachtungsweise und in gewisser Hinsicht auch im Inhalt setzt es ganz eigene Akzente. Man könnte es als eine persönliche »Denkschrift« charakterisieren, lange Zeit nach den berichteten Ereignissen von einem engen Freund Jesu verfasst. Es zeigt zweifellos den starken Eindruck, den Jesus auf die Menschen gemacht hatte, die ihn am besten kannten. Die Textauswahl umfasst zwei Wunder (Johannes nennt sie »Zeichen«) – die Umwandlung von Wasser in Wein und die Speisung von fünftausend Menschen mit nur wenigen kleinen Broten und Fischen (übrigens das einzige Wunder, das in allen vier Evangelien berichtet wird). Aufgenommen wurde außerdem die Begegnung Jesu mit einer Frau, die des Ehebruchs bezichtigt wird, sowie einiges aus den Abschiedsworten Jesu an seine Jünger in der Nacht vor seinem Verrat. Den Abschluss bildet die bewegende Begegnung zwischen Maria Magdalena und dem auferstandenen Jesus. Der erste Textauszug ist der großartige »Prolog« des Evangeliums, der die Gestalt Jesu in eine welt- und zeitumspannende Perspektive stellt.

Das Wort des Lebens
Johannes 1,1–18

Am Anfang war das Wort. Das Wort war bei Gott, und das Wort war Gott selbst. Von Anfang an war es bei Gott. Alles wurde durch das Wort geschaffen, und nichts ist ohne das Wort geworden. Von ihm kam alles Leben, und sein Leben war das Licht für alle Menschen. Es leuchtet in der Finsternis, doch die Finsternis wehrte sich gegen das Licht.

Gott schickte einen Boten, einen Mann, der Johannes hieß. Er sollte die Menschen auf das Licht hinweisen, damit alle durch seine Botschaft an den glauben, der das Licht ist. Johannes selbst war nicht das Licht. Er sollte die Menschen nur auf das kommende Licht vorbereiten.

Der das wahre Licht ist, kam in die Welt, um für alle Menschen das Licht zu bringen. Doch obwohl er unter ihnen lebte und die Welt durch ihn geschaffen wurde, erkannten ihn die Menschen nicht. Er kam in seine Welt, aber die Menschen nahmen ihn nicht auf. Die ihn aber aufnahmen und an ihn glaubten, denen gab er das Recht, Kinder Gottes zu werden.

Das wurden sie nicht, weil sie zu einem auserwählten Volk gehörten, auch nicht durch menschliche Zeugung und Geburt. Dieses neue Leben gab ihnen allein Gott.

Das Wort wurde Mensch und lebte unter uns.

Wir selbst haben seine göttliche Herrlichkeit gesehen, wie sie Gott nur seinem einzigen Sohn gibt. In ihm sind Gottes vergebende Liebe und Treue zu uns gekommen.

Johannes wies immer wieder auf ihn hin. »Diesen habe ich gemeint«, rief er, »wenn ich sagte: ›Es wird einer kommen, der viel bedeutender ist als ich. Denn er war schon da, bevor ich geboren wurde!‹«

Aus seinem göttlichen Reichtum hat er uns immer und immer wieder mit seiner grenzenlosen Liebe beschenkt.

Durch Mose gab uns Gott das Gesetz mit seinen Forderungen. Aber durch Jesus Christus schenkte er uns seine vergebende Liebe und Treue.

Kein Mensch hat jemals Gott gesehen. Doch sein einziger Sohn, der in enger Gemeinschaft mit dem Vater lebt, hat uns gezeigt, wer Gott ist.

Jesus auf einer Hochzeit
Johannes 2,1-11

Zwei Tage später wurde in dem Dorf Kana in Galiläa eine Hochzeit gefeiert. Maria, die Mutter Jesu, war dort, und auch Jesus hatte man mit seinen Jüngern eingeladen.

Während des Festes ging der Wein aus. Maria sagte zu ihrem Sohn: »Es ist kein Wein mehr da!«

Doch Jesus antwortete ihr: »Schreib mir nicht vor, was ich zu tun habe! Meine Zeit ist noch nicht gekommen!« Da sagte seine Mutter zu den Dienern: »Was immer er euch befiehlt, das tut!«

Nun gab es im Haus sechs steinerne Wasserkrüge. Man benutzte sie für die Waschungen, die das jüdische Gesetz verlangt. Jeder von ihnen fasste achtzig bis hundertzwanzig Liter. Jesus forderte die Diener auf: »Füllt diese Krüge mit Wasser!« Sie füllten die Gefäße bis zum Rand. Dann ordnete er an: »Nun bringt dem Mann, der für das Festmahl verantwortlich ist, eine Kostprobe davon!«

Dieser probierte den Wein, der vorher Wasser gewesen war. Er wusste allerdings nicht, woher der Wein kam. Nur die Diener wussten Bescheid. Da rief er den Bräutigam zu sich und warf ihm vor: »Jeder bietet doch zuerst den besten Wein an! Und erst später, wenn alle Gäste schon betrunken sind, kommt der billigere Wein auf den Tisch. Aber du hast den besten Wein bis jetzt zurückgehalten!«

Dieses Wunder geschah in Kana. Dort in Galiläa zeigte Jesus zum ersten Mal seine göttliche Herrlichkeit, und seine Jünger glaubten an ihn.

Fünftausend Menschen werden satt

Johannes 6,1-15

Danach kam Jesus an das andere Ufer des Galiläischen Meeres, das man auch See von Tiberias nennt. Eine große Menschenmenge folgte ihm, weil sie gesehen hatten, wie er Kranke heilte. Zusammen mit seinen Jüngern ging Jesus auf eine Anhöhe, und dort setzten sie sich. Das jüdische Passahfest stand kurz bevor.

Als Jesus die vielen Menschen kommen sah, fragte er Philippus: »Wo können wir für alle diese Leute Brot kaufen?« Er fragte dies, um zu sehen, ob Philippus ihm vertraute; denn er wusste, wie er die Menschen versorgen würde.

Philippus überlegte: »Wir müssten 200 Silberstücke ausgeben, wenn wir für jeden auch nur ein kleines Stückchen Brot kaufen wollten.«

Da brachte Andreas, der Bruder von Simon Petrus, ein Kind zu ihnen: »Hier ist ein Junge, der hat fünf Gerstenbrote und zwei Fische mitgebracht. Aber was ist das schon für so viele Menschen!«

Jetzt forderte Jesus die Jünger auf: »Sagt den Leuten, dass sie sich hinsetzen sollen!« Etwa fünftausend Männer lagerten sich auf dem Boden, der dort von dichtem Gras bewachsen war. Dann nahm Jesus die fünf Gerstenbrote, dankte Gott dafür und ließ sie an die Menschen austeilen, ebenso die beiden Fische. Jeder bekam so viel, wie er wollte. Als alle satt waren, sagte Jesus zu seinen Jüngern: »Sammelt die Reste ein, damit nichts verdirbt!«

Und die Jünger füllten noch zwölf Körbe mit den Resten. So viel war von den fünf Gerstenbroten übrig geblieben. Als die Leute begriffen, was Jesus getan hatte, riefen sie begeistert: »Das ist wirklich der Prophet, auf den wir so lange gewartet haben!«

Jesus merkte, dass sie ihn jetzt unbedingt festhalten und zu ihrem König ausrufen wollten. Deshalb zog er sich in die Berge zurück, er ganz allein.

Brot, das Leben gibt
Johannes 6,24-35

Weil nun Jesus und seine Jünger nirgends zu finden waren, stiegen alle in Schiffe und fuhren hinüber nach Kapernaum, um ihn dort zu suchen. Als sie Jesus auf der anderen Seite des Sees gefunden hatten, fragten sie ihn: »Meister, wann bist du denn hierher gekommen?«

Jesus antwortete ihnen: »Ich weiß, weshalb ihr zu mir kommt: doch nur, weil ihr von mir Brot bekommen habt und satt geworden seid; nicht weil ihr verstanden hättet, was dieses Wunder bedeutet! Bemüht euch doch nicht nur um das vergängliche Brot, das ihr zum täglichen Leben braucht! Setzt alles dafür ein, die Nahrung zu bekommen, die bis ins ewige Leben reicht. Diese wird der Menschensohn euch geben. Denn Gott, der Vater, hat ihn dazu bestimmt und ihm die Macht gegeben.«

Da fragten sie ihn: »Was sollen wir tun, um Gottes Willen zu erfüllen?«

Er erwiderte: »Nur eins erwartet Gott von euch: Ihr sollt an den glauben, den er gesandt hat.«

»Wenn wir an dich glauben sollen«, wandten sie ein, »musst du uns schon beweisen, dass du im Auftrag Gottes handelst! Kannst du nicht ein Wunder tun? Vielleicht so eines wie damals, als unsere Vorfahren in der Wüste jeden Tag Brot aßen? Es heißt doch in der Heiligen Schrift: ›Er gab ihnen Brot vom Himmel.‹«

Jesus entgegnete: »Ich versichere euch: Nicht Mose gab euch das Brot vom Himmel! Das wahre Brot vom Himmel gibt euch jetzt mein Vater. Und nur dieses Brot, das vom Himmel kommt, schenkt der Welt das Leben.«

»Herr, gib uns jeden Tag dieses Brot!«, baten ihn alle.

»Ich bin das Brot des Lebens«, sagte Jesus zu ihnen. »Wer zu mir kommt, wird niemals wieder Hunger leiden, und wer an mich glaubt, wird nie wieder Durst haben.«

Jesus urteilt anders

Johannes 8,1-11

Schon früh am nächsten Morgen war Jesus wieder im Tempel. Viele Menschen drängten sich um ihn. Er setzte sich und lehrte sie.

Da schleppten die Schriftgelehrten und Pharisäer eine Frau heran, die beim Ehebruch überrascht worden war, stießen sie in die Mitte und sagten zu Jesus: »Lehrer, diese Frau wurde auf frischer Tat beim Ehebruch ertappt. Im Gesetz hat Mose uns befohlen, eine solche Frau zu steinigen. Was meinst du dazu?«

Sie fragten dies, um Jesus auf die Probe zu stellen und ihn dann anklagen zu können. Aber Jesus bückte sich nur und schrieb mit dem Finger auf die Erde.

Als sie nicht locker ließen, richtete er sich auf und sagte: »Wer von euch noch nie gesündigt hat, soll den ersten Stein auf sie werfen!« Dann bückte er sich wieder und schrieb weiter auf die Erde. Als die Menschen das hörten, gingen sie einer nach dem anderen davon – die älteren zuerst.

Schließlich war Jesus mit der Frau allein. Da stand er auf und fragte sie: »Wo sind jetzt deine Ankläger? Hat dich denn keiner verurteilt?«

»Nein, Herr«, antwortete sie.

»Dann verurteile ich dich auch nicht«, entgegnete ihr Jesus. »Geh, aber sündige nun nicht mehr!«

Jesus – der gute Hirte

Johannes 10,1-16

Weiter sagte Jesus: »Ich sage euch die Wahrheit: Wer nicht durch die Tür in den Schafstall geht, sondern heimlich einsteigt, der ist ein Dieb und Räuber. Der Hirte geht durch die Tür zu seinen Schafen. Ihm öffnet der Wächter die Tür, und die Schafe erkennen ihn schon an seiner Stimme. Dann ruft der Hirte jedes mit seinem Namen und führt sie auf die Weide. Wenn seine Schafe den Stall verlassen haben, geht er vor ihnen her, und die Schafe folgen ihm, weil sie seine Stimme kennen. Einem Fremden würden sie niemals folgen. Ihm laufen sie davon, weil sie seine Stimme nicht kennen.«

Die Leute, denen Jesus dieses Gleichnis erzählte, verstanden nicht, was er damit meinte. Deshalb erklärte er ihnen: »Ich sage euch die Wahrheit: Ich selbst bin die Tür, die zu den Schafen führt. Alle, die sich vor mir als eure Hirten ausgaben, waren Diebe und Räuber. Aber die Schafe haben nicht auf sie gehört. Ich allein bin die Tür. Wer durch mich zu meiner Herde kommt, der wird gerettet werden. Er kann durch diese Tür ein und aus gehen, und er wird saftig grüne Weiden finden. Der Dieb kommt, um zu stehlen, zu schlachten und zu vernichten. Ich aber bringe Leben – und dies im Überfluss.

Ich bin der gute Hirte. Ein guter Hirte setzt

sein Leben für die Schafe ein. Anders ist es mit einem, dem die Schafe nicht gehören und der nur wegen des Geldes als Hirte arbeitet. Er wird fliehen, wenn der Wolf kommt, und die Schafe sich selbst überlassen. Der Wolf wird über die Schafe herfallen und die Herde auseinanderjagen. Einem solchen Mann liegt nichts an den Schafen.

Ich aber bin der gute Hirte und kenne meine Schafe, und sie kennen mich; genauso wie mich mein Vater kennt und ich den Vater kenne. Ich gebe mein Leben für die Schafe. Zu meiner Herde gehören auch Schafe, die jetzt noch in anderen Ställen sind. Auch sie muss ich herführen, und sie werden wie die Übrigen meiner Stimme folgen. Dann wird es nur noch eine Herde und einen Hirten geben.

Der Weg zu Gott
Johannes 14,1-14

»Seid nicht bestürzt, und habt keine Angst!«, ermutigte Jesus seine Jünger. »Vertraut Gott, und vertraut mir! Denn im Haus meines Vaters gibt es viele Wohnungen. Sonst hätte ich euch nicht gesagt: Ich gehe hin, um dort alles für euch vorzubereiten. Und wenn alles bereit ist, werde ich kommen und euch zu mir holen. Dann werdet auch ihr dort sein, wo ich bin. Den Weg dorthin kennt ihr ja.«

»Nein, Herr«, widersprach ihm Thomas, »wir wissen nicht einmal, wohin du gehst! Wie sollen wir dann den Weg dorthin finden?«

Jesus antwortete: »Ich bin der Weg, ich bin die Wahrheit, und ich bin das Leben! Ohne mich kann niemand zum Vater kommen. Kennt ihr mich, dann kennt ihr auch meinen Vater. Von jetzt an kennt ihr ihn; ja, ihr habt ihn schon gesehen!«

Da bat Philippus: »Herr, zeig uns den Vater, dann sind wir zufrieden!«

Jesus entgegnete ihm: »Ich bin nun schon so lange bei euch, und du kennst mich noch immer nicht, Philippus? Wer mich gesehen hat, der hat auch den Vater gesehen. Wie also kannst du bitten: ›Zeig uns den Vater‹? Glaubst du nicht, dass ich im Vater bin und der Vater in mir ist? Was ich euch sage, habe ich mir nicht selbst ausgedacht. Mein Vater, der in mir lebt, handelt durch mich. Glaubt mir doch, dass der Vater und ich eins sind. Und wenn ihr schon meinen Worten nicht glaubt, dann glaubt doch wenigstens meinen Taten! Ich sage euch die Wahrheit: Wer an mich glaubt, wird die gleichen Taten vollbringen wie ich – ja, sogar noch größere; denn ich gehe zum Vater.

Worum ihr in meinem Namen bitten werdet, das werde ich tun, damit durch den Sohn die Herrlichkeit des Vaters sichtbar wird. Was ihr also in meinem Namen erbitten werdet, das werde ich tun.«

Die Verheißung des Geistes Gottes
Johannes 14,15-17

»Wenn ihr mich liebt, werdet ihr so leben, wie ich es euch gesagt habe. Dann werde ich den Vater bitten, dass er euch an meiner Stelle einen Helfer gibt, der für immer bei euch bleibt. Dies ist der Geist der Wahrheit. Die Welt kann ihn nicht aufnehmen, denn sie ist blind für ihn und erkennt ihn deshalb nicht. Aber ihr kennt ihn, denn er wird bei euch bleiben und in euch leben.«

Jesus begegnet Maria aus Magdala
Johannes 20,11-18

Inzwischen war auch Maria zum Grab zurückgekehrt und blieb voll Trauer davor stehen. Weinend schaute sie in die Kammer und sah plötzlich zwei weiß gekleidete Engel an der Stelle sitzen, wo Jesus gelegen hatte; einen am Kopfende, den anderen am Fußende.

»Warum weinst du?«, fragten die Engel. »Sie haben meinen Herrn weggenommen, und ich weiß nicht, wo sie ihn hingebracht haben«, antwortete Maria aus Magdala.

Als Maria sich umblickte, sah sie Jesus vor sich stehen. Aber sie erkannte ihn nicht. Er fragte sie: »Warum weinst du, und wen suchst du?«

Maria hielt Jesus für den Gärtner und fragte

deshalb: »Hast du ihn weggenommen? Dann sag mir doch, wohin du ihn gebracht hast. Ich will ihn holen.«

»Maria!«, sagte Jesus nun. Sie wandte sich ihm zu und rief: »Rabbuni!« Das ist Hebräisch und heißt: »Mein Meister.«

Jesus sagte: »Halte mich nicht fest! Denn ich bin noch nicht zu meinem Vater zurückgekehrt. Geh aber zu meinen Brüdern und sag ihnen: Ich gehe zurück zu meinem Vater und zu eurem Vater, zu meinem Gott und zu eurem Gott!«

Maria aus Magdala lief nun zu den Jüngern und berichtete ihnen: »Ich habe den Herrn gesehen!« Und sie erzählte alles, was ihr Jesus gesagt hatte.

Die Taten der Apostel

Sozusagen als Fortsetzung seines Evangeliums verfasste Lukas ein zweites Buch, in dem er berichtet, was nach der Auferstehung Jesu im Kreis der Jünger und der ersten Christen geschah. Er stellt die Anfänge, das Wachsen und die beginnende Verfolgung der christlichen Gemeinde dar. Die hier ausgewählten Texte berichten von der Rückkehr Jesu zu Gott und vom Kommen des angekündigten Heiligen Geistes einige Tage später. Abschließend noch die dramatische Geschichte der Bekehrung des Saulus von Tarsus (der sich später Paulus nannte und sein Leben dem Ziel widmete, den christlichen Glauben in Kleinasien und Europa zu verbreiten) auf seinem Weg nach Damaskus, wo er die dortigen Christen gefangen nehmen wollte.

Jesus kehrt zu Gott zurück
Apostelgeschichte 1,6-12

Bei dieser Gelegenheit fragten die Jünger ihn: »Herr, wirst du jetzt Israel wieder zu einem freien und mächtigen Reich machen?«

Darauf antwortete Jesus: »Die Zeit dafür hat allein Gott der Vater bestimmt. Euch steht es nicht zu, das zu wissen. Aber ihr werdet den Heiligen Geist empfangen und durch seine Kraft meine Zeugen sein in Jerusalem und Judäa, in Samarien und auf der ganzen Erde.«

Nachdem er das gesagt hatte, nahm Gott ihn zu sich. Eine Wolke verhüllte ihn vor ihren Augen, und sie sahen ihn nicht mehr.

Noch während sie überrascht nach oben blickten, standen auf einmal zwei weiß gekleidete Männer bei ihnen. »Ihr Galiläer«, sprachen sie die Jünger an, »was steht ihr hier und seht zum Himmel? Gott hat Jesus aus eurer Mitte zu sich in den Himmel genommen; aber eines Tages wird er genauso zurückkehren.«

Pfingsten: Der Heilige Geist kommt
Apostelgeschichte 2,1-13

Zum Beginn des jüdischen Pfingstfestes waren alle Jünger wieder beieinander.

Plötzlich kam vom Himmel her ein Brausen wie von einem gewaltigen Sturm und erfüllte das ganze Haus, in dem sie sich versammelt hatten. Zugleich sahen sie etwas wie züngelndes Feuer, das sich auf jedem Einzelnen von ihnen niederließ. So wurden sie alle mit dem Heiligen Geist erfüllt und redeten in fremden Sprachen, jeder so, wie der Geist es ihm eingab.

Zum Fest waren viele fromme Juden aus aller Welt nach Jerusalem gekommen. Als sie das Brausen hörten, liefen sie von allen Seiten herbei. Fassungslos hörte jeder die Jünger in seiner eigenen Sprache reden.

»Wie ist das möglich?«, riefen sie außer sich. »Alle diese Leute sind doch aus Galiläa, und nun hören wir sie in unserer Muttersprache reden; ganz gleich, ob wir Parther, Meder oder Elamiter sind. Andere von uns kommen aus Mesopotamien, Judäa, Kappadozien, Pontus und der Provinz Asia, aus Phrygien, Pamphylien und aus Ägypten, aus der Gegend von Kyrene in Libyen und selbst aus Rom. Wir sind Juden oder Anhänger des jüdischen Glaubens, Kreter und Araber. Doch jeder von uns hört diese Männer in seiner eigenen Sprache von Gottes großen Taten reden!«

Bestürzt und ratlos fragte einer den anderen: »Was soll das bedeuten?« Einige aber spotteten: »Die haben doch nur zu viel getrunken!«

Petrus verkündet: Jesus ist der Retter
Apostelgeschichte 2,14-24.31-42

Da erhob sich Petrus mit den anderen elf Aposteln und rief der Menge zu: »Hört her, ihr jüdischen Männer und ihr Einwohner von Jerusalem. Ich will euch erklären, was hier geschieht.

Diese Männer sind nicht betrunken, wie einige von euch meinen. Es ist ja erst neun Uhr morgens. Nein, hier erfüllt sich, was Gott durch den Propheten Joel vorausgesagt hat. Bei ihm heißt es: ›In den letzten Tagen, spricht Gott, will ich die Menschen mit meinem Geist erfüllen. Eure Söhne und Töchter werden aus göttlicher Eingebung reden, eure jungen Männer werden Visionen haben und die alten Männer bedeutungsvolle Träume. Allen Männern und Frauen, die mir dienen, will ich meinen Geist geben, und sie werden in meinem Auftrag prophetisch reden. Am Himmel und auf der Erde werdet ihr Wunderzeichen sehen: Blut, Feuer und Rauch. Die Sonne wird sich verfinstern und der Mond blutrot scheinen, bevor der große Tag kommt, an dem ich Gericht halte. Wer dann den Namen des Herrn anruft, wird gerettet werden.‹

Hört her, ihr Männer Israels! Wie ihr alle wisst, hat Jesus von Nazareth in Gottes Auftrag mitten unter euch mächtige Taten, Zeichen und Wunder gewirkt. Ja, Gott selbst hat durch ihn gehandelt und so seinen Auftrag bestätigt. Aber Jesus wurde durch Verrat an euch ausgeliefert, und ihr habt ihn mithilfe der heidnischen Römer ans Kreuz genagelt und umgebracht. Doch genau so war es von Gott gewollt und vorausbestimmt.

Diesen Jesus hat Gott auferweckt und damit die Macht des Todes gebrochen. Wie hätte auch der Tod über ihn Gewalt behalten können! (…)

Weil David ein Prophet war, hat er die Auferstehung des Christus vorausgesehen. Von ihm sagte er: Er wird nicht bei den Toten bleiben, und sein Leib wird nicht verwesen.

Das ist mit Jesus geschehen: Gott hat ihn von den Toten auferweckt. Wir alle können es bezeugen. Nun hat Gott ihn zum Herrscher eingesetzt und ihm den Ehrenplatz an seiner rechten Seite gegeben. Jesus empfing vom Vater den Heiligen Geist, wie es vorausgesagt war, und gab ihn uns. Ihr seht und hört jetzt selbst, dass es in Erfüllung gegangen ist. Nicht David ist zum Himmel aufgefahren, denn er sagt: ›Gott, der Herr, sprach zu meinem Herrn: Setze dich auf den Ehrenplatz an meiner rechten Seite, bis ich dir alle deine Feinde unterworfen habe, bis du deinen Fuß auf ihren Nacken setzt.‹ Ganz Israel soll wissen: Gott hat

Jesus, den ihr gekreuzigt habt, zum Herrn und Retter gemacht.«

Als die Leute das hörten, waren sie von dieser Botschaft tief betroffen. Sie fragten Petrus und die anderen Apostel: »Brüder, was sollen wir tun?«

»Kehrt um zu Gott!«, forderte Petrus sie auf. »Jeder von euch soll sich auf den Namen Jesu Christi taufen lassen, damit euch Gott eure Sünden vergibt und ihr den Heiligen Geist empfangt. Das alles ist euch, euren Nachkommen und den Menschen in aller Welt zugesagt, die der Herr, unser Gott, in seinen Dienst berufen wird.«

Petrus sprach noch lange mit ihnen und forderte sie eindringlich auf: »Lasst euch retten vor dem Gericht Gottes, das über diese gottlose Generation hereinbrechen wird.«

Viele Zuhörer glaubten, was Petrus ihnen sagte, und ließen sich taufen. Etwa dreitausend Menschen wurden an diesem Tag in die Gemeinde aufgenommen. Alle in der Gemeinde ließen sich regelmäßig von den Aposteln im Glauben unterweisen und lebten in enger Gemeinschaft, feierten das Abendmahl und beteten miteinander.

Saulus begegnet Christus
Apostelgeschichte 9,1-19

Saulus verfolgte noch immer mit grenzenlosem Hass alle, die an den Herrn glaubten, und drohte ihnen an, sie hinrichten zu lassen. Er ging zum Hohenpriester und ließ sich von ihm Briefe für die jüdischen Gemeinden in Damaskus mitgeben. Sie ermächtigten ihn, auch in diesem Gebiet die Gläubigen aufzuspüren und sie – ganz gleich, ob Männer oder Frauen – als Gefangene nach Jerusalem zu bringen.

Kurz vor Damaskus umgab Saulus plötzlich ein blendendes Licht vom Himmel. Er stürzte zu Boden und hörte eine Stimme: »Saul, Saul, warum verfolgst du mich?«

»Wer bist du, Herr?«, fragte Saulus. »Ich bin Jesus, den du verfolgst!«, antwortete die Stimme.

»Steh auf und geh in die Stadt. Dort wird man dir sagen, was du tun sollst.«

Die Begleiter des Saulus standen sprachlos da, denn sie hatten zwar die Stimme gehört, aber niemanden gesehen.

Als Saulus aufstand und die Augen öffnete, konnte er nicht mehr sehen. Da nahmen sie ihn an der Hand und führten ihn nach Damaskus.

Drei Tage lang war er blind und wollte weder essen noch trinken. In Damaskus wohnte ein Jünger Jesu, der Hananias hieß. Dem erschien der

Herr in einer Vision. »Hananias«, sagte er zu ihm. »Ja, Herr, hier bin ich«, erwiderte der Mann. Der Herr forderte ihn auf: »Geh zur Geraden Straße in das Haus des Judas, und frag dort nach einem Saulus von Tarsus. Er betet gerade und hat in einer Vision einen Mann gesehen, der Hananias heißt. Dieser kam zu ihm und legte ihm die Hände auf, damit er wieder sehen kann.«

»Aber Herr«, wandte Hananias ein, »ich habe schon von so vielen gehört, wie grausam dieser Saulus deine Gemeinde in Jerusalem verfolgt. Außerdem haben wir erfahren, dass er eine Vollmacht der Hohenpriester hat, auch hier alle gefangen zu nehmen, die an dich glauben.«

Doch der Herr sprach zu Hananias: »Geh nur! Ich habe diesen Mann dazu auserwählt, mich bei allen Völkern und Herrschern der Erde, aber auch bei den Israeliten bekannt zu machen. Dabei wird er erfahren, wie viel er um meinetwillen leiden muss.«

Hananias gehorchte. Er ging in das Haus des Judas, fand dort Saulus und legte ihm die Hände auf. »Lieber Bruder Saulus«, sagte er, »Jesus, der Herr, der dir unterwegs erschienen ist, hat mich zu dir geschickt, damit du mit dem Heiligen Geist erfüllt wirst und wieder sehen kannst.«

Im selben Moment fiel es Saulus wie Schuppen von den Augen, und er konnte wieder sehen. Er stand auf und ließ sich taufen. *

Nachdem er gegessen hatte, erholte er sich

schnell. Einige Tage blieb Saulus bei der Gemeinde in Damaskus.

* Nach seiner Taufe, nahm Saulus den Namen »Paulus« an und wurde der bedeutendste Missionar der frühen Kirche unter den heidnischen Völkern.

Briefe an christliche Gemeinden

Der größte Teil des Neuen Testaments besteht aus Briefen – Briefen von verschiedenen christlichen Leitern an die ersten christlichen Gemeinden, die nun überall im Römischen Reich entstanden. Ein Großteil dieser Briefe stammt von Paulus; einige aber auch von Jakobus, Johannes, Petrus und anderen. Die Leiter der entstehenden Kirche hatten die Absicht, die jungen Christen in ihrem Glauben zu unterrichten, zu führen, zu beraten, zu ermutigen und zu stärken.

Ich habe drei bekannte Passagen aus den Briefen des Paulus (an die Gemeinden in Rom, Korinth und Philippi) ausgewählt, dazu jeweils einen Auszug aus den Briefen von Petrus und Johannes.

Gottes grenzenlose Liebe
Römer 8,31-39

Kann man wirklich noch mehr erwarten? Wenn Gott für uns ist, wer kann dann gegen uns sein? Gott hat seinen eigenen Sohn nicht verschont, sondern ihn für uns alle dem Tod ausgeliefert. Sollte er uns da noch etwas vorenthalten?

Wer könnte es wagen, die von Gott Auserwählten anzuklagen? Niemand, denn Gott selbst hat sie von aller Schuld freigesprochen.

Wer wollte es wagen, sie zu verurteilen? Keiner, denn Christus ist für sie gestorben, ja noch mehr: Er ist vom Tod auferweckt worden und hat seinen Platz an Gottes rechter Seite eingenommen. Dort tritt er jetzt vor Gott für uns ein.

Was also könnte uns von Christus und seiner Liebe trennen? Leiden und Angst vielleicht? Verfolgung? Hunger? Armut? Gefahr oder gewaltsamer Tod?

Man geht wirklich mit uns um, wie es schon in der Heiligen Schrift beschrieben wird: »Weil wir zu dir, Herr, gehören, werden wir überall verfolgt und getötet – wie Schafe werden wir geschlachtet!« Aber dennoch: Mitten im Leid triumphieren wir über alles durch die Verbindung mit Christus, der uns so geliebt hat.

Denn ich bin ganz sicher: Weder Tod noch Leben, weder Engel noch Dämonen, weder Gegenwärtiges noch Zukünftiges, noch irgendwelche Gewalten, weder Hohes noch Tiefes oder sonst irgendetwas können uns von der Liebe Gottes trennen, die er uns in Jesus Christus, unserem Herrn, schenkt.

Das Wichtigste ist die Liebe

1. Korinther 13,1-13

Wenn ich in allen Sprachen der Welt, ja, mit Engelszungen reden kann, aber ich habe keine Liebe, so bin ich nur wie eine dröhnende Pauke oder ein lärmendes Tamburin.

Wenn ich in Gottes Auftrag prophetisch reden kann, alle Geheimnisse Gottes weiß, seine Gedanken erkennen kann und einen Glauben habe, der Berge versetzt, aber ich habe keine Liebe, so bin ich nichts. Selbst wenn ich all meinen Besitz an die Armen verschenke und für meinen Glauben das Leben opfere, aber ich habe keine Liebe, dann nützt es mir gar nichts.

Liebe ist geduldig und freundlich. Sie ist nicht verbissen, sie prahlt nicht und schaut nicht auf andere herab.

Liebe verletzt nicht den Anstand und sucht nicht den eigenen Vorteil, sie lässt sich nicht reizen und ist nicht nachtragend. Sie freut sich nicht am Unrecht, sondern freut sich, wenn die Wahrheit siegt.

Liebe ist immer bereit zu verzeihen, stets vertraut sie, sie verliert nie die Hoffnung und hält durch bis zum Ende.

Die Liebe wird niemals vergehen. Einmal wird es keine Prophetien mehr geben, das Reden in unbekannten Sprachen wird aufhören, und auch Erkenntnis wird nicht mehr nötig sein.

Denn unsere Erkenntnis ist bruchstückhaft, ebenso wie unser prophetisches Reden.

Wenn aber das Vollkommene da ist, wird alles Vorläufige vergangen sein.

Als Kind redete, dachte und urteilte ich wie ein Kind. Jetzt bin ich ein Mann und habe das kindliche Wesen abgelegt. Jetzt sehen wir nur ein undeutliches Bild wie in einem trüben Spiegel. Einmal aber werden wir Gott von Angesicht zu Angesicht sehen. Jetzt erkenne ich nur Bruchstücke, doch einmal werde ich alles klar erkennen, so deutlich, wie Gott mich jetzt schon kennt.

Was bleibt, sind Glaube, Hoffnung und Liebe. Die Liebe aber ist das Größte.

Orientiert euch an Jesus Christus
Philipper 2,5-11

Seht auf Jesus Christus: Obwohl er in göttlicher Gestalt war, hielt er nicht selbstsüchtig daran fest, Gott gleich zu sein. Nein, er verzichtete darauf und wurde einem Sklaven gleich: Er nahm menschliche Gestalt an und wurde wie jeder andere Mensch geboren.

Er erniedrigte sich selbst und war Gott gehorsam bis zum Tod, ja, bis zum schändlichen Tod am Kreuz. Darum hat ihn Gott erhöht und ihm den Namen gegeben, der über allen Namen steht.

Vor Jesus werden einmal alle auf die Knie fallen: alle im Himmel, auf der Erde und im Totenreich. Und jeder ohne Ausnahme soll zur Ehre Gottes, des Vaters, bekennen:

Jesus Christus ist der Herr!

Die Hoffnung der Christen
1. Petrus 1,3-9

Gelobt sei Gott, der Vater unseres Herrn Jesus Christus! In seinem grenzenlosen Erbarmen hat er uns neues Leben geschenkt. Weil Jesus Christus von den Toten auferstanden ist, haben wir die Hoffnung auf ein neues, ewiges Leben.

Es ist die Hoffnung auf ein ewiges, von keiner Sünde beschmutztes und unzerstörbares Erbe, das Gott im Himmel für euch bereithält.

Bis dahin wird euch Gott durch seine Kraft bewahren, weil ihr ihm vertraut. Aber dann, am Ende der Zeit, werdet ihr selbst sehen, wie herrlich das unvergängliche Leben ist, das Gott schon jetzt für euch bereithält.

Darüber freut ihr euch von ganzem Herzen, auch wenn ihr jetzt noch für eine kurze Zeit auf manche Proben gestellt werdet und viel erleiden müsst. So wird sich euer Glaube bewähren und sich wertvoller und beständiger erweisen als pures Gold, das im Feuer vollkommen gereinigt wurde. Lob, Preis und Ehre werdet ihr dann an dem Tag empfangen, an dem Christus für alle sichtbar kommt.

Ihr habt ihn nie gesehen und liebt ihn doch. Ihr glaubt an ihn, obwohl ihr ihn auch jetzt nicht sehen könnt, und eure Freude ist grenzenlos, denn ihr kennt das Ziel eures Glaubens: die Rettung für alle Ewigkeit.

Gottes Liebe und die Liebe zum Mitmenschen

1. Johannes 4,7-21

Meine Freunde! Lasst uns einander lieben, denn die Liebe kommt von Gott. Wer liebt, ist ein Kind Gottes und kennt Gott. Wer aber nicht liebt, der weiß nichts von Gott; denn Gott ist Liebe.

Gottes Liebe zu uns ist für alle sichtbar geworden, als er seinen einzigen Sohn in die Welt sandte, damit wir durch ihn leben können. Das Einzigartige an dieser Liebe ist: Nicht wir haben Gott geliebt, sondern er hat uns seine Liebe geschenkt. Er gab uns seinen Sohn, der alle Schuld auf sich nahm, um uns von unserer Schuld freizusprechen.

Meine Freunde, wenn uns Gott so sehr liebt, dann müssen auch wir einander lieben. Niemand hat Gott jemals gesehen. Doch wenn wir einander lieben, bleibt Gott in uns und seine Liebe erfüllt uns ganz.

Ich sage es noch einmal: Dass wir mit Gott verbunden bleiben und er mit uns, wissen wir, weil er uns seinen Geist gegeben hat. Wir haben es selbst erlebt, und darum bezeugen wir: Gott, der Vater, hat seinen Sohn in diese Welt gesandt, um sie zu retten.

Wer bekennt, dass Jesus der Sohn Gottes ist, der bleibt in Gott und Gott in ihm.

Das haben wir erkannt, und wir vertrauen fest auf Gottes Liebe. Gott ist Liebe, und wer in dieser Liebe bleibt, der bleibt in Gott und Gott in ihm.

Wenn Gottes Liebe uns ganz erfüllt, können wir dem Tag des Gerichts voller Zuversicht entgegengehen. Denn wir leben in dieser Welt so, wie Christus es getan hat. Wirkliche Liebe ist frei von Angst. Ja, wenn die Liebe uns ganz erfüllt, vertreibt sie sogar die Angst. Wer sich also fürchtet und vor der Strafe zittert, der kennt wirkliche Liebe noch nicht.

Wir lieben, weil Gott uns zuerst geliebt hat.

Sollte nun jemand behaupten: »Ich liebe Gott«, und dabei seinen Bruder oder seine Schwester hassen, dann ist er ein Lügner. Wenn er schon seine Geschwister nicht liebt, die er sehen kann, wie will er dann Gott lieben, den er nicht sieht?

Vergesst nicht, dass Christus selbst uns aufgetragen hat: Wer Gott liebt, der muss auch seinen Bruder und seine Schwester lieben.

Die Offenbarung des Johannes

Die Bibel schließt mit einem beeindruckenden Buch: der Offenbarung des Sehers Johannes. Die Offenbarung beschreibt eine Reihe außergewöhnlicher Visionen, die dem auf die Insel Patmos verbannten Johannes zuteilwurden. Diese Art von Literatur, die sich mit dem Ende der Zeit beschäftigt, nennt sich »apokalyptisch«, was so viel wie »enthüllt« bedeutet – eine Art verschlüsselte Botschaft für die Eingeweihten. Eben weil die Offenbarung in Bildern und Andeutungen redet, ist ihre Deutung auch das Lieblingsrevier von Sonderlingen und Rechenkünstlern. Die wichtigste Botschaft dieses Buches steht aber im Einklang mit der ganzen biblischen Geschichte. Was auch passiert, welche Katastrophen oder Verfolgungen die Zukunft auch mit sich bringen wird – Gott bleibt immer »auf dem Thron«, er ist der Herr allen Geschehens, und eines Tages wird sein Ziel der Gerechtigkeit und Liebe erfüllt werden. Unsere Textauszüge sind dem Schluss des Buches entnommen – eine wundervolle Vision der Zukunft, die Gott für diese Welt und für seine Menschen im Sinn hat.

Die neue Welt Gottes
Offenbarung 21,1-7

Dann sah ich einen neuen Himmel und eine neue Erde. Denn der vorige Himmel und die vorige Erde waren vergangen, und auch das Meer war nicht mehr da.

Ich sah, wie die Stadt Gottes, das neue Jerusalem, von Gott aus dem Himmel herabkam: festlich geschmückt wie eine Braut an ihrem Hochzeitstag.

Eine gewaltige Stimme hörte ich vom Thron her rufen: »Hier wird Gott mitten unter den Menschen sein! Er wird bei ihnen wohnen, und sie werden sein Volk sein. Ja, von nun an wird Gott selbst in ihrer Mitte leben. Er wird alle ihre Tränen trocknen, und der Tod wird keine Macht mehr haben. Leid, Klage und Schmerzen wird es nie wieder geben; denn was einmal war, ist für immer vorbei.«

Der auf dem Thron saß, sagte: »Sieh, ich schaffe alles neu!« Und mich forderte er auf: »Schreib auf, was ich dir sage, alles ist zuverlässig und wahr.«

Und weiter sagte er: »Alles ist in Erfüllung gegangen. Ich bin der Anfang, und ich bin das Ziel, das A und O*. Allen Durstigen werde ich Wasser aus der Quelle des Lebens schenken.

Wer durchhält und den Sieg erringt, wird dies

alles besitzen. Ich werde sein Gott sein, und er wird mein Kind sein.

Ein Wort zum Schluss

Bible to go endet mit einer Vision der Glückseligkeit – Frieden, Harmonie, Freude und Glück in einer neuen Welt, in der endlich die enge Gemeinschaft zwischen Gott und Menschen möglich sein wird, die Gott von allem Anfang an gewollt hatte. So wird am Ende der biblischen Geschichte die Tragödie der Rebellion im Garten Eden umgekehrt. Männer und Frauen kehren zurück in den »Garten der Seligkeit«. Sünde und Fehlerhaftigkeit sind vergeben und überwunden im Tod Jesu, der das »Lamm Gottes« ist. Gott, der schon einmal in der Schöpfung alle Dinge »neu gemacht« hat, tut dies wieder! Es gibt eine neue Welt, eine neue Hoffnung, eine neue Weise zu leben, die von keinem Leid mehr beeinträchtigt ist.

David Winter

Prayers to go

Kurze Gebete
für jede Gelegenheit

144 Seiten, Taschenbuch
ISBN 978-3-7655-4049-3

Eine kompakte Sammlung neuer und traditioneller
Gebete für den Alltag und besondere Situationen.
Dieses handliche Gebetbuch ist jederzeit griffbereit.
Nutzen Sie die kleinen Auszeiten des Alltags zum
Gespräch mit Gott – denn er ist nur ein Gebet weit
entfernt.

BRUNNEN VERLAG GIESSEN
www.brunnen-verlag.de

Hoffnung für alle

Die Bibel

1500 Seiten, gebunden
mit verschiedenen Covern
lieferbar

»Hoffnung für alle« ist die Bibel, die unsere Sprache spricht und die beim Leser möglichst dieselbe Wirkung erzielen will, die das Original auf seine ersten Leser ausübte. Dank der einfachen, jedoch nicht simplifizierenden Sprache von »Hoffnung für alle« wirken gerade auch schwer verständliche Texte im Alten Testament frisch und lebensnah. Genau das ist das Anliegen von »Hoffnung für alle«: unnötige Stolpersteine im Text entfernen und das Verständnis der Bibel fördern.

Altes und Neues Testament ohne Apokryphen

BRUNNEN VERLAG GIESSEN
www.brunnen-verlag.de

David Winter

Die Bibel verstehen

Eine illustrierte Einführung

160 Seiten, Paperback
ISBN 978-3-7655-6498-7

Die leicht verständliche Starthilfe für Bibelleser

Die Bibel – ein Weltbestseller und doch für viele Menschen ein Buch mit sieben Siegeln, dem sie sich nur zögernd nähern.

Verständlich, leicht geschrieben und vierfarbig illustriert gibt das Buch einen Überblick über das große Thema der Bibel, vermittelt eine Vorstellung ihrer Geschichte und ihrer Geschichten und stellt die großen Charaktere dar.

BRUNNEN VERLAG GIESSEN
www.brunnen-verlag.de